지적·측량·토지개발·도시계획 전문가를 위한

스마트한 QGIS 활용서

문승주 지음

 예문사

QGIS로 공간정보를 맘껏 활용하자!

역학조사의 선구자라 불리는 존 스노는 런던의 지도 위에 콜레라 사망자를 표기하여 콜레라의 확산을 막는 데 큰 기여를 하였다. 멀리 볼 것도 없이 최근의 사스, 메르스, 코로나19에 이르기까지 많은 전염병 확진자의 동선 및 확산경로 파악을 위해 지도를 적극 활용한다. 이러한 업무에 적합한 도구로 ArcGIS가 주로 활용되었으나 오픈소스인 QGIS의 개발로 QGIS의 활용도가 급격히 증가하게 되었다.

QGIS는 누구나 어디서나 무료로 사용할 수 있다는 장점과 세계 각국의 많은 엔지니어의 헌신으로 날로 발전하고 있다. 다만, 버전이 업데이트되면서 이전 버전에서 사용하던 기능이 없어지거나 위치가 바뀌거나 플러그인의 활용이 제한되는 경우가 발생하여 종종 난감해지는 경우가 있다. 이는 오픈소스가 가지고 있는 특성으로, 사용자는 다각적인 측면에서 고려하여 활용해야 할 것이다. 따라서 가급적이면 본 교재에서 활용한 3.22.1버전으로 활용하기를 권장한다.

앞서 설명한 전염병뿐만 아니라 토지개발, 사회의 각종 문제 등 여러 분야에서 QGIS가 활용되고 있다. 모든 인간의 생활은 토지를 기반으로 이루어지고 있기에 토지에 대한 기본정보 즉, 공간정보(국토정보)의 중요성은 날로 높아지고 있다. 그러나 정작 공간정보를 취득하고, 관리하는 분야에서는 QGIS의 활용도가 낮은 것이 현실이다. 그 이유는 업무에 맞는 개별 프로그램이 만들어져 있기 때문이고, 도면의 구축 및 편집에는 AutoCAD의 활용이 훨씬 편리하기 때문이다. 도면을 만들고, 이를 구조화하여 DB로 관리하게 되면 AutoCAD보다 QGIS와 같은 분석도구까지 활용이 가능한 도구가 훨씬 효과적이다. 특히 토지를 기반으로 하는 업무에의 적용은 업무의 효율성을 극대화시킬 수 있다.

현재 사용자설명서의 경우 기능 위주로 기술되어 있다 보니 현장 업무에서 적용이 어려운 것이 현실이다. 따라서 지적, 측량, 토지개발, 도시계획 등의 업무에서 활용되는 예제를 중심으로 단계별 활용서를 작성하였다. 모든 자료는 국가에서 무료로 제공하는 공간정보를 기초로 하였으며, 자체적으로 만든 데이터도 일부 포함되어 있다. 국가가 제공하는 공공데이터를 받을 수 있는 경로를 기재하였으니 직접 다운 받아 활용하기를 적극 권장한다.

QGIS의 활용에 있어서 정도(定道)는 없다고 생각한다. 즉 응용력과 데이터의 선택이 중요한 것으로, 본 교재에 사용된 방법 이외에도 더욱 편리한 방법이나 플러그인 등이 개발되고 있으며, 최신의 데이터가 있을 수 있다. 따라서, 자신의 분야에 활용되는 다양한 기능과 데이터에 대한 끊임없는 탐구와 노력이 필요하며, 본 교재는 분야 발전의 마중물 역할을 하는 것이라 생각된다. 아울러 본 교재에서 사용한 모든 기능은 3.22.1버전을 기준으로 작성되었으며, 다른 버전에서는 제대로 기능이 작동되지 않을 수 있음을 다시 한번 강조하고자 한다.

끝으로 QGIS의 발전을 위해 노력하시는 세계 각국의 엔지니어와 한국 사용자의 편의성을 위해 노력하시는 OSGeo 한국어지부, 공간정보 교육의 중심 공간정보아카데미, 블로그 등을 통해 좋은 정보를 공유해 주시는 고마운 사용자분들께 감사드리며, 어려운 현실 속에서도 출판을 결정해 주신 예문사 관계자분들께도 감사드린다. QGIS의 효과적인 활용으로 공간정보(국토정보)가 더욱 활성화되기를 기원한다.

2022년 5월

저 자 **문승주**

① 수록된 자료화면을 정확하고 명확하게 볼 수 있도록 모든 페이지의 자료화면을 컬러로 수록하였습니다. 설명에 따른 자료화면을 보고 누구나 쉽게 익힐 수 있도록 하였습니다.

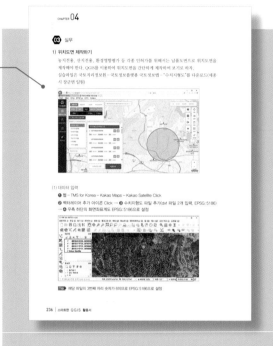

② QGIS의 기초부터 응용까지 QGIS의 모든 것을 알 수 있도록 구성하였습니다. 초보자들을 위한 QGIS 프로그램 설치부터 실제 지명을 이용한 적용 및 응용까지 한번에 학습할 수 있도록 하였습니다.

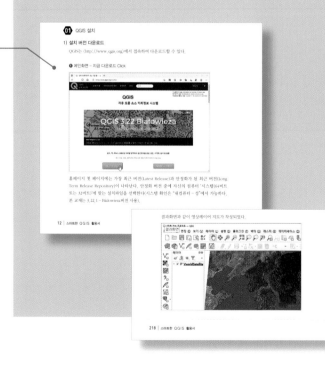

CHAPTER 01

❶ 레이어 - 레이어 추가 - 구분자로 분리된 텍스트레이어 추가 또는 왼쪽 레이어 관리 툴바에서 🔐 아이콘 클릭 → ❷ 해당 파일 선택 → ❸ 파일 포맷 : CSV - 첫번째 레코드를 필드 이름으로 Check - 포인트 좌표 선택 - X필드 : Y좌표, Y필드 : X좌표 - 도형 좌표계 EPSG:5186 → ❹ 적용 - 닫기 Click

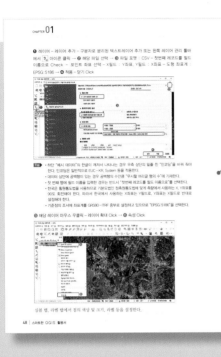

Tip • 하단 "예시 데이터"의 한글이 깨져서 나타나는 경우 우측 상단의 말줄을 친 "인코딩"을 바꿔 찾아 한다. 인코딩은 일반적으로 EUC-KR, System 등을 적용한다.
• 데이터 상단에 공백행이 있는 경우 공백행의 수만큼 "무시할 머리글 행의 수"에 기재한다.
• 첫 번째 행에 필드 이름을 입력한 경우는 반드시 "첫번째 레코드를 필드 이름으로"를 선택한다.
• 한국은 횡단메도법을 사용하므로 기본도법인 정투횡단메도법에 맞게 축약에서 사용하는 X, Y필드를 90도 회전해야 한다. 따라서 한국에서 사용하는 X좌표는 Y필드로, Y좌표는 X필드로 반대로 설정해야 한다.
• 기준점의 조사에 좌표계를 GRS80-ITRF 중부로 설정하고 있으므로 "EPSG:5186"을 선택한다.

❺ 해당 레이어 마우스 우클릭 → 레이어 확대 Click → ❻ 속성 Click

심볼, 맵, 라벨 탭에서 점의 색상 및 크기, 라벨 등을 설정한다.

48 | 스마트한 QGIS 활용서

<hr />

❸ 학습 도중 갑자기 글자가 깨지는 이유부터 그 해결방법까지 학습자들을 위한 사소한 부분까지 Tip으로 실어 발생 가능한 여러 가지 문제에 대응할 수 있도록 하였습니다.

<hr />

CHAPTER 02

02 기준점 관리

1) 스마트폰 App을 활용한 기준점 관리

기준점의 위치를 도면으로 출력하여 현장을 찾아갈 수도 있겠지만 스마트폰 App을 이용하여 현장위치를 찾거나 현장의 경로를 작성해 놓는다면 현재 작업자뿐만 아니라 신규 작업자도 사용이 편리할 것이다. 이는 측량자의 기준점 관리, 토지개발 시 보상 액체 확인, 가스 등 관로 관리자의 관로 관리 등 다양한 분야에 활용이 가능할 것이다. 이러한 업무에 무료로 활용이 가능한 위치정보 App "산길샘"을 소개한다.

(1) 산길샘 App 설치 및 실행
Google Play Store에서 "산길샘"을 검색하여 무료버전 설치(단, iOS체계의 App Store에서는 지원하지 않음)

🔺 **산길샘[나들이]**

❶ "산길샘" 앱 실행 → 현재 위치 찾기 → 기록 시작 → 경로 이동

Tip 스마트 폰의 GPS기능은 반드시 켜 두어야 함

100 | 스마트한 QGIS 활용서

<hr />

❹ 스마트폰 앱을 이용한 여러 가지 활용방법을 수록하였습니다. 스마트폰 앱을 이용한 실제 현장에서의 사용법을 안내하여, 컴퓨터뿐만이 아니라 휴대가 쉬운 스마트폰으로 쉽게 접근할 수 있도록 하였습니다.

CONTENTS

Chapter
02
현장 활용

CONTENTS

Chapter
03
도면분석

Chapter

04
QGIS 응용

본 도서 집필 당시 연속지적도 데이터는 '국가공간정보포털(www.nsdi.go.kr)' 도메인에서 서비스되었으나 운영사업자 변경 등의 이유로 현재는 '디지털트윈국토(www.vworld.kr)' 도메인에서 서비스되고 있습니다. 저자가 전달하고자 하는 내용은 본 도서에 최신화되어 있으나 도메인이 또 변경되는 상황이 발생할 수 있으므로 변경된 도메인에서 자료를 수집하거나 예문사 자료실을 통해 활용이 가능하다는 점을 안내드리오니 번거롭더라도 많은 양해 바랍니다.

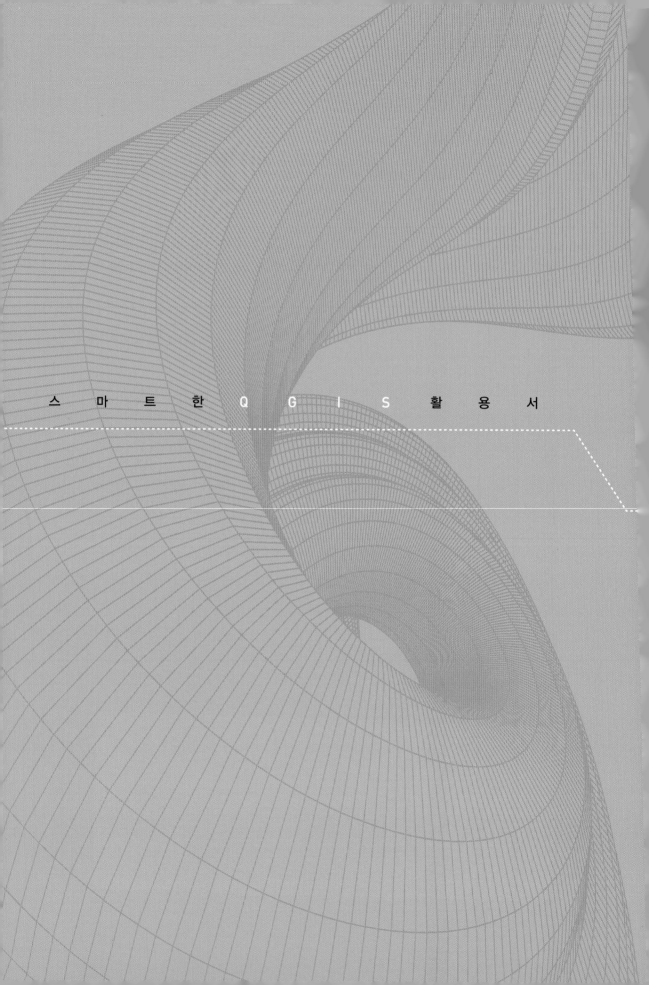

스 마 트 한 Q G I S 활 용 서

QGIS 기초

CHAPTER

01

QGIS 기초

이 장에서는 오픈소스인 QGIS의 다운로드와 설치, 작업을 위한 데이터 수집방법, 다양한 포맷의 데이터를 불러오고 활용하는 방법을 알아보자.

01 QGIS 설치

1) 설치 버전 다운로드

QGIS는 〈http://www.qgis.org〉에서 접속하여 다운로드할 수 있다.

❶ 메인화면 – 지금 다운로드 Click

홈페이지 첫 페이지에는 가장 최근 버전(Latest Release)과 안정화가 된 최근 버전(Long Term Release Repository)이 나타난다. 안정화 버전 중에 자신의 컴퓨터 '시스템(64비트 또는 32비트)'에 맞는 설치파일을 선택한다(시스템 확인은 "내컴퓨터 – 성"에서 가능하다. 본 교재는 3.22.1 – Bialowieza버전 사용).

❷ 설치 버전 다운로드 및 설치

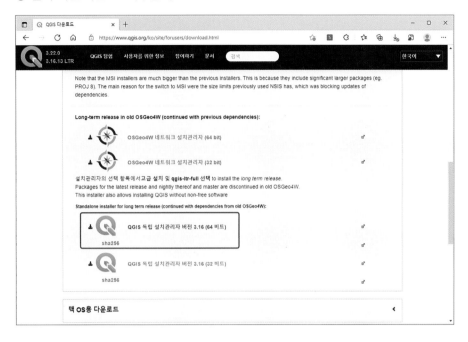

설치가 완료되어 시작 버튼을 클릭하면 설치된 것을 확인할 수 있다.

- QGIS(Quantum GIS)
- GRASS GIS(Geographical Resources Analysis Support System GIS)
- SAGA GIS(System for Automated Geoscientific Analyses GIS)

2) UI 구성

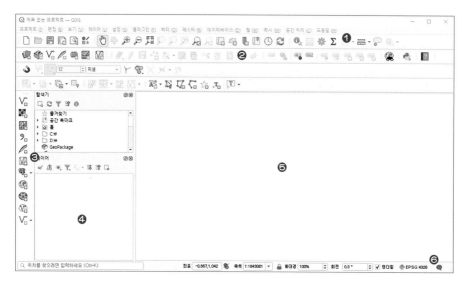

번호	명칭	용도
❶	메뉴바	QGIS 모든 메뉴
❷	툴바	단축기능
❸	레이어 관리 툴바	레이어 추가 기능(매우 유용)
❹	레이어 창	데이터 입력 후 관리
❺	지도 창	데이터 입력하면 지도에 나타남
❻	상태 표시줄	사용 좌표계, 축척, 커서 위치 좌표 등

레이어 관리 툴바(❸)가 없는 경우에는 상단 툴바(❷)의 빈 공간에 마우스를 놓고 마우스 우클릭 후 "레이어 관리 툴바"를 체크하면 왼쪽 화면에 툴바가 나타난다. 업무에 가장 많이 사용하는 기능 중에 하나이므로 위와 같이 설정하면 유용하다. 사용자마다 화면구성을 달리할 수 있는데, 본 교재에서는 레이어 창(❹) 위의 탐색기 창을 닫고 레이어 창 위주로만 사용하고자 한다.

3) 환경설정

QGIS의 기본 환경을 설정해 보자. QGIS의 경우 새로운 기능들이 개발되면서 메뉴의 변경이 조금씩 있으므로 버전마다 메뉴의 위치가 바뀔 수 있음에 주의할 필요가 있다. 기존에 언어설정은 별도 탭으로 있었으나 3.4버전부터는 "일반설정" 탭에서 설정하도록 되어 있다. 사용자 인터페이스 언어를 한글로 설정하면 한글화된 메뉴 등을 활용할 수 있어 좀더 활용의 편의성을 가져올 수 있다.

(1) 한글메뉴 설정

메뉴바 – 설정 – 옵션 Click – 옵션 창 [❶ 일반 탭 → ❷ 시스템 로케일 무시 Check → ❸ 사용자 인터페이스 번역 : 한국어] → 확인 Click

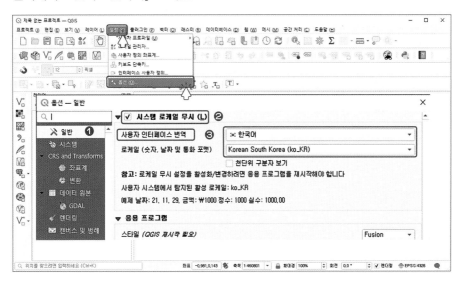

(2) 프로젝트 좌표계 설정

프로젝트 좌표계를 설정하면 사용자가 원하는 좌표계로 설정하여 업무를 할 수 있다. 최근 제정된 공간정보법에서 세계측지계를 기준으로 하고 있으므로 세계측지계 중부원점 (EPSG:5186)으로 설정해 보자.

❶ 좌표계 → ❷ 기본 좌표계 사용 Check → ❸ 좌표계 선택 Click → ❹ 필터 : 5186 검색 → ❺ EPSG:5186 선택 → ❻ 확인 Click

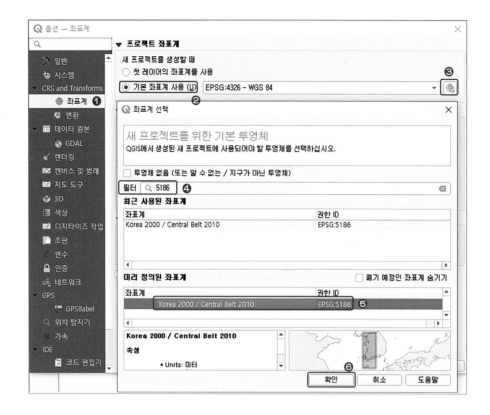

4) 메뉴설명

❶ 레이어 관리 툴바(가장 많이 사용되는 기능)

	아이콘	용 도
	(벡터레이어 아이콘)	벡터레이어 추가(점, 선, 면) – 대상 포맷 : SHP, DWG, DXF, KML 등
	(래스터레이어 아이콘)	래스터레이어 추가(영상, 그림) – 대상 포맷 : TIF, ECW 등
	(텍스트레이어 아이콘)	구분자로 분리된 텍스트레이어 추가 – 대상 포맷 : CSV, TXT, DAT 등

❷ 메뉴

프로젝트 관리

- 새로 생성 (N)
- 템플릿을 이용하여 새로 만들기
- 열기 (O)...
- 다음에서 열기
- 최근 열기 (O)
- 닫기
- 저장 (S)
- 다른 이름으로 저장 (A)...
- 다음에 저장
- 되돌리기...
- 속성 (P)...
- 스냅 작업 옵션 (S)...
- 가져오기/내보내기
- 새 인쇄 조판 (P)...
- 새 보고서 (R)...
- 조판 관리자...
- 조판
- QGIS 종료

편집

- 실행 취소 (U)
- 다시 실행 (R)
- 객체 잘라내기
- 객체 복사
- 객체 붙여넣기
- 객체를 다음으로 붙여넣기
- 선택 삭제
- 선택
- 객체 추가
- 원호 라인스트링 추가
- 반경으로 원호 라인스트링 추가
- 원 추가
- 직사각형 추가
- 정다각형 추가
- 타원 추가
- 주석 추가
- 속성 편집
- 도형 편집
- 포인트 심볼 회전
- 오프셋 포인트 심볼

보기

- 새 지도 뷰 (M)
- 새 3D 지도 뷰 (3)
- 맵 이동
- 선택한 집합으로 맵 이동
- 확대
- 축소
- 객체 식별
- 측정
- 통계 요약
- 전체 보기 (F)
- 선택 집합으로 확대/축소 (S)
- 레이어로 확대/축소 (L)
- 원본 해상도로 확대/축소 (100%)
- 이전 영역으로 확대/축소
- 다음 영역으로 확대/축소
- 꾸미기 (D)
- 미리보기 모드
- 지도 팁 보기
- 새 공간 북마크...
- 공간 북마크 보기
- 공간 북마크 관리자 보기
- 새로고침
- 레이어 가시성
- 패널
- 툴바
- 전체 화면 모드 전환 (F)
- 패널 가시성 전환 (V)
- 지도만 전환

레이어

- 데이터 원본 관리자 (D)
- 레이어 생성
- 레이어 추가
- 내장된 레이어와 그룹...
- 레이어 정의 파일에서 추가...
- 스타일 복사
- 스타일 붙여넣기
- 레이어 복사
- 레이어/그룹 붙여넣기
- 속성 테이블 열기 (A)
- 필터 속성 테이블
- 편집 모드 켜고끄기 (E)
- 레이어 편집 내용 저장
- 현재 편집 내용
- 다른 이름으로 저장 (S)...
- 레이어 정의 파일로 저장...
- 레이어/그룹 제거
- 레이어 복제
- 레이어의 축척별 보이기
- 레이어 좌표계 설정
- 레이어로부터 프로젝트 좌표계 설정
- 레이어 속성 (P)...
- 필터링...
- 라벨링
- 오버뷰에 보기
- 오버뷰에 모두 보기
- 오버뷰에서 모두 감추기

설정

- 사용자 프로파일 (U)
- 스타일 관리자...
- 사용자 정의 좌표계...
- 키보드 단축키...
- 인터페이스 사용자 정의...
- 옵션 (O)...

플러그인

- 플러그인 관리 및 설치...
- 파이썬 콘솔

벡터

- 지리 정보 처리 도구 (G)
- 도형 도구 (G)
- 분석 도구 (A)
- 조사 도구 (R)
- 데이터 관리 도구 (D)

래스터

- 래스터 계산기...
- 래스터 정렬...
- 지리참조자...
- Freehand Raster Georeferencer
- 분석
- 투영체
- 기타 사항
- 추출
- 변환

DBWeb메시	공간처리 기능	도움말
🗄 DB 관리자...	☀ 툴박스 (T)	📖 도움말 목차
	❀ 그래픽 모델러 (G)...	API 문서
MetaSearch ▶	🕐 이력 (H)...	플러그인
◈ OpenLayers plugin ▶	📋 결과 뷰어 (R)	문제 보고하기
◈ TMS for Korea ▶	현재 위치에서 객체 편집	상업적 지원이 필요하십니까?
메시 계산기...		⦿ QGIS 홈페이지
Reindex Faces and Vertices		✓ QGIS 버전 확인
		⦿ QGIS 정보
		⦿ QGIS 회원 유지

5) 도구 모음

(1) 프로젝트 툴바

❶ 새로만들기 : 맵을 새로 만든다.

❷ 열기 : 기존에 작성된 프로젝트 파일을 연다.

❸ 저장 : 프로젝트 파일로 저장한다.

❹ 조판인쇄 생성 : 출력을 위한 조판인쇄를 생성한다.

❺ 조판관리자 : 생성된 조판을 관리한다.

❻ 스타일관리자 : 입력된 데이터의 스타일을 구성한다.

(2) 맵 탐색 툴바

❶ 맵 이동 : 지도를 이동하는 기능으로 편집 작업에 많이 사용된다.

❷ 선택객체 이동 : 선택한 객체를 중앙에 놓이게 한다.

❸ 맵 확대 : 선택한 영역을 확대한다.

❹ 맵 축소 : 선택한 영역을 축소한다.

❺ 전체화면 : 객체를 전체화면으로 볼 수 있게 한다.

(3) 디지타이징 툴바

❶ 현재 작업한 내용을 수정한다.
❷ 편집작업을 시작한다.
❸ 작업한 내용을 저장한다.
❹ 기존 객체에 추가하여 객체를 생성한다.
❺ 노드를 추가 또는 삭제, 이동한다.

(4) 속성 툴바

❶ 객체 식별 : 속성테이블의 속성값을 확인한다.
❷ 필드계산기 : 속성테이블의 객체에 대한 연산작업을 한다.
❸ 공간처리 툴박스 : 공간처리 기능을 제공한다.
❹ 통계정보 : 기본적인 통계정보를 확인한다.
❺ 속성테이블 열기 : 테이블에서 객체의 속성을 확인한다.
❻ 측정 : 길이, 면적, 각도를 측정한다.

6) 플러그인 활용

플러그인은 기본 기능 이외에 분석, 업무 등의 편의를 위해 개발자, 사용자들이 추가로 개
발한 것으로 본 교재의 중간 중간에 필요한 플러그인을 사용할 계획이다. 이 장에서는 한국
의 사용자라면 기본적으로 필요한 TMS for Korea의 설치를 우선하고자 한다. 3.22.1버전에
서는 TMS for Korea가 이미 설치되어 있으나 버전마다 설치된 경우도 있고 그렇지 않은 경
우도 있다. TMS for Korea 이외에도 다른 플러그인의 사용에 있어서 버전의 변경에 따라 제
약이 있을 수 있으므로 몇 가지 해결방법을 확인해 보고자 한다.

❶ 플러그인 – 플러그인 관리 및 설치 Click

❷ 설정 Click → 시작 시 업데이트 확인, 실험적인 플러그인도 표시 Check

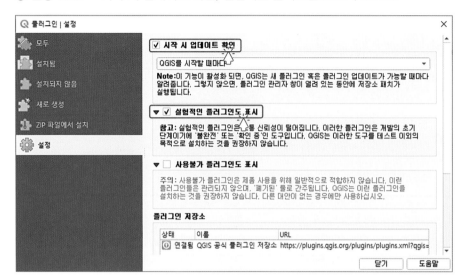

❸ 모두 Click → korea 검색 → TMS for Korea 선택 → 플러그인 설치 Click

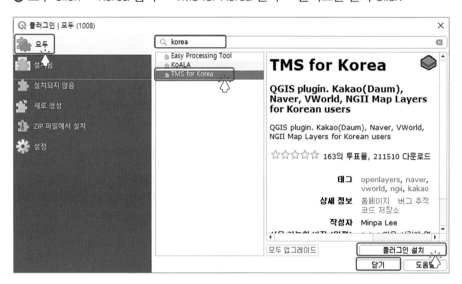

웹 – TMS for Korea 메뉴가 생성된 것을 확인할 수 있다.

지도제공 기관별 원하는 지도를 선택하여 배경지도로 사용 가능하다.

Tip ◆ 메뉴가 없는 경우 프로그램 종료 후 재시작하면 됨

다음 화면은 Kakao Satellite를 선택한 결과이다.

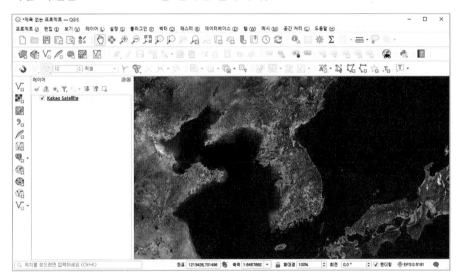

배경지도를 이용하면, 이후 불러오는 데이터의 위치가 정상적인 위치로 불러왔는지를 쉽게
확인할 수 있으므로 본 기능의 활용을 적극 추천한다.

02 데이터 수집

최근 4차 산업의 태동과 함께 데이터에 의한 산업 활성화 정책으로 예전에는 접근할 수 없었던 다양한 데이터가 무료로 누구나 활용할 수 있도록 개방되고 있다. 따라서 이러한 공개자료를 잘 활용한다면 더 많은 정보를 통해 보다 편리하게 업무에 활용할 수 있다. 특히 국토정보(공간정보)는 국토교통부, LX(한국국토정보공사, 국토교통부 국가공간정보포털을 통해 제공), 국토지리정보원을 주축으로 보급되고 있어 그 활용도가 날로 늘어나는 추세이다. 본 교재에서는 지적, 측량, 토지개발, 도시계획 전문가에 맞추어져 있으므로 이 분야에 적합한 정보가 어디에 어떻게 관리되고 있는지 사전에 파악하는 일이 중요하다. 예를 들어 기준점을 선점한다면 국가기준점, 지형도 등에 대한 정보를 취득하는 것이 최우선일 것이며, 전국적이고 장기적인 계획에 의하는 경우라면 기상청의 날씨 데이터나 지진 데이터 등을 활용하여 기준점 신설의 최적시기, 최적의 장소를 선택할 수 있을 것이다.

공개데이터를 수집할 수 있는 대표적인 사이트는 아래와 같으며 이외에도 더 많은 공개데이터가 있다.

▼ 공개데이터를 수집할 수 있는 대표적인 사이트

기관	명칭	사이트
국토교통부	국가공간정보포털	http://www.nsdi.go.kr
	건축데이터민간개방시스템	http://open.eais.go.kr
	공간정보오픈플랫폼	http://www.vworld.kr
행정안전부	공공데이터포털	http://www.data.go.kr
	행정표준코드관리시스템	http://www.code.go.kr
	도로명주소안내시스템	http://www.juso.go.kr
통계청	국가통계포털	http://kosis.kr
기상청	기상자료개방포털	http://data.kma.go.kr
국토지리정보원	국토정보플랫폼	http://map.ngii.go.kr
한국교통연구원	국가교통DB	http://www.ktdb.go.kr
서울시청	서울열린데이터광장	http://data.seoul.go.kr
Natural Earth	http://www.naturalearthdata.com	
ASTER GDEM	https://asterweb.jpl.nasa.gov/gdem.asp	

1) 국가공간정보포털

국가공간정보포털은 국토교통부에서 관리하는 국가공간정보통합체계, 공간빅데이터, 부동산종합공부시스템, 한국토지정보시스템, 국가공간정보유통시스템, 지적재조사시스템, 온나라부동산포털, 공간정보오픈플랫폼 등 국가공간정보를 한곳에 모아 개방 가능한 정보에 대하여 누구나 쉽게 활용할 수 있도록 구축한 공간정보의 허브라 할 수 있다.

본 교재에서 자주 사용되는 연속지적도를 비롯한 기준점, 등고선 등 다양한 정보를 취득할 수 있다.

▼ 주요 서비스 데이터

데이터	내용	활용
토지	연속지적도, 토지이용현황도, 토지이용정보 등	지적도를 기본도로 하는 다양한 업무에 활용
지도	위성기준점, 지적기준점, 등고선, 수치표고모델, 수치지형도, 지세도 등	기준점 정보 및 지형 분석에 활용
건물/시설	도로명 건물, 편의 · 혐오시설정보, 골프장, 관공서 등	건물, 시설정보를 이용한 각종 분석에 활용
경계	행정동 · 법정동 경계	행정구역 파악에 활용
수자원	하천, 호수, 저수지, 댐 등	–
용도지역지구	용도지역지구, 조례 등	–
도로/교통	도로, 철도, 항만 등	–

연속지적도는 각 시 · 군 · 구 지적소관청에서 관리하는 지적도를 편집하여 작성된 것으로 측량에는 사용될 수 없으며, 해당 필지의 정확한 경계를 확인하고자 하는 경우에는 반드시 지적측량을 실시해야 한다.

토지관련 정보 등은 매월 주기적으로 갱신되고 있으나 이외의 다른 정보들은 갱신이 다소 늦을 수 있으므로 해당 데이터의 최종갱신 시기를 반드시 확인할 필요가 있다.

다음은 세종시 연속지적도 데이터로, 추가정보를 통해 최종갱신 시기가 2021.11.21.인 것을 확인할 수 있다. 또한 데이터 포맷은 SHP로 벡터형태이며, 좌표계는 Bessel 보정된 중부원점(TM)임을 확인할 수 있다. 이는 Bessel 타원체를 적용하여 횡축메카토르도법에 의해 작성된 도면임을 표현하는 것으로 EPSG코드로는 5174에 해당한다.

도면(벡터 또는 래스터파일)은 화면상에 위치를 나타내야 하므로 데이터의 좌표계 확인이 매우 중요하다. 물론 해당 파일에 *.prj(좌표계 속성파일)파일이 있다면 좌표계를 알지 못하더라도 도면의 활용에는 문제가 없다. 따라서 도면파일의 경우 반드시 *.prj파일을 같이 관리할 수 있도록 해야 한다.

필드	값
데이터셋명	연속지적_세종
데이터유형	공간
데이터설명	전산화된 지적도 및 임야도의 도면상 경계점을 연결하여 연속된 형태로 작성한 도면정보(측량자료로 사용하지 못하는 참조용 도면정보)
갱신주기	변경발생시
최종갱신시기	변경발생시
구축범위	전국
데이터 좌표계	Bessel 보정된 중부원점 (TM)
데이터 포맷	SHP
공간정보분류	국토관리·지역개발 > 토지
기본공간정보분류	지적 > 연속지적도

[추가정보]

필드	값
파일일련번호	2
파일명	LSMD_CONT_LDREG_36110.zip
파일사이즈	31,033,221 (byte)
파일확장자	shp
최근갱신일	2021-11-21 20:52:45

2) 공공데이터포털

공공데이터포털은 공공기관이 생성 또는 취득하여 관리하고 있는 공공데이터를 한곳에서 제공하는 통합서비스이다.

포털에서는 국민이 쉽고 편리하게 공공데이터를 이용할 수 있도록 파일데이터, 오픈API, 시각화 등 다양한 방식으로 제공하고 있으며, 누구라도 쉽고 편리한 검색을 통해 원하는 공공데이터를 빠르고 정확하게 찾을 수 있다. 국가공간정보포털과 달리 행정정보도 많이 포함되어 있어 위치를 나타내지 못하는 경우도 있으므로 데이터의 활용가능 여부를 확인하여 활용해야 한다.

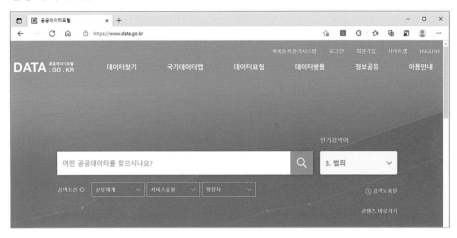

포털에서 제공하는 서비스 중의 하나가 공공데이터 시각화로 [데이터활용 – 위치정보시각화]에서 실행하면 아래와 같이 자신이 검색하고자 하는 지역의 위치정보를 지도에 띄워서 한눈에 볼 수 있다.

[데이터찾기 – 국가중점데이터]의 제공데이터 중 LX한국국토정보공사에서 제공하는 침수
흔적도를 받아서 QGIS에서 열어 보기로 하자.

해당 데이터에는 침수위선 및 침수 당시 시간별 강우량, 대피소 등의 관련 정보를 얻을
수 있다. 데이터를 선택하면 다운로드 받을 수 있도록 되어 있으며, 해당 데이터에 대한
정보를 보여 주고 있다. 해당 데이터는 2021년 11월 17일에 등록되었으며, 다음 등록예
정일은 1년 후 계획되어 있다. 해당 데이터에는 별도의 좌표계 정보가 존재하지 않는다.
해당 데이터에는 *.prj파일이 포함되어 있어 별도의 좌표계 지정 없이 데이터를 불러올
수 있다.

아래와 같이 데이터를 확인할 수 있다.

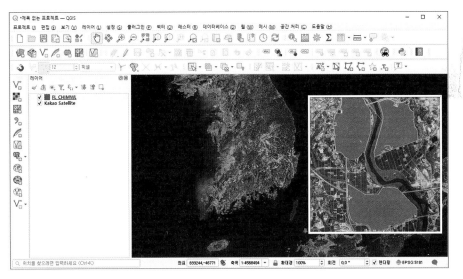

3) 국토정보플랫폼

국토정보플랫폼은 국토교통부 산하 국토지리정보원에서 운영하는 플랫폼으로, 국토정보맵을 통해 데이터의 통합 검색이 가능하다.

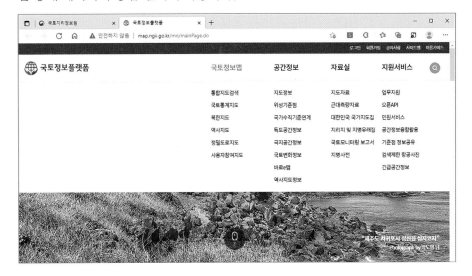

통합지도검색에서는 원하는 위치에서 반경(6.25km) 검색 결과 수치지도, 항공사진, 정사영상, 공개DEM, 측량기준점, 온맵, 구지도 등의 제공 가능한 데이터가 다음과 같이 있음을 알 수 있다.

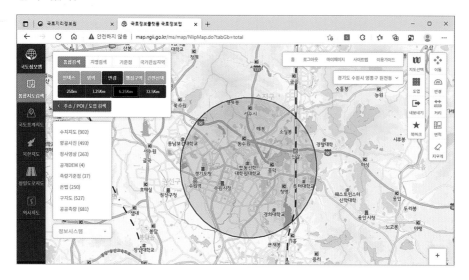

정사영상을 선택하면 최신 데이터로 2020년에 제작된 영상이 있고, 메타정보에는 좌표계는 GRS80-TM, 중부원점으로 기록되어 있으므로 EPSG:5186을 적용하면 된다.

4) 국가통계포털

통계청에서 운영하는 국가통계포털은 국내 · 국제 · 북한의 주요 통계를 한곳에 모아 이용 자가 원하는 통계를 한번에 찾을 수 있도록 통계청이 제공하는 One – Stop 통계서비스이다. 현재 300여 개 기관이 작성하는 경제 · 사회 · 환경에 관한 1,000여 종의 국가승인통계를 수 록하고 있으며, 국제금융 · 경제에 관한 IMF, Worldbank, OECD 등의 최신 통계도 함께 제 공하고 있다. 다만, 해당 서비스 등은 대부분 시 · 군 · 구 또는 읍 · 면 · 동 단위까지만 제공 하고 있어 QGIS에 표현하기에 다소 어려운 데이터들이 많다.

통계청의 인구데이터보다는 오히려 행정안전부 주민등록인구통계를 활용하는 것이 좀더 현실에 가깝고, 효과적일 수 있다. 주민등록인구통계는 전국 지자체 자치센터에 전입신고 되는 정보를 기반으로 하여 정보를 한 달 간격으로 갱신하기 때문이다. 이처럼 동일한 성격 의 데이터라 하더라도 통합 포털의 데이터와 수집기관에서 운영하는 서비스의 데이터에 차 이가 있을 수 있으며, 되도록 최신의 데이터를 수집하여 활용할 수 있도록 해야 한다. 이외 에도 도로정보는 국가교통 DB가 더욱 자세하고, 서울에 대한 각종 정보는 서울데이터열린 광장을 이용하는 것이 효율적이다.

03 데이터 활용

1) 레이어 관리

레이어는 일반적으로 점, 선, 면으로 이루어진 벡터레이어(*.shp, *.dwg, *.dxf, *.kml 등)와 영상, 그림 등으로 이루어진 래스터레이어 (*.tif, *.ecw 등), 텍스트 형태의 레이어 (*.csv, *.txt, *.dat 등) 등이 주로 사용된다. 래스터레이어의 경우 투명도를 설정하지 않는 한 하위 레이어가 보이지 않으므로 레이어 층에서 맨 아래에 위치하도록 하는 것이 좋다.

2) 래스터레이어

- 공간정보플랫폼에 접속하여 정사영상을 다운 받아 보자.
- 국토지리정보원 회원가입 후 국토정보플랫폼에 접속하여 "국토정보맵 → 통합지도검색"에서 원하는 지역의 자료를 다운 받는다.
- 실습파일은 최근 개발이 진행되는 세종시의 현황을 파악하기 위해 연기면 일대의 정사영상을 다운 받고자 한다. 검색창에 "연기면사무소"를 입력하여 검색(❶)한 후 간편지도검색을 클릭(❷)하고, 연기면사무소를 중심으로 반경 1.25km의 지역(❸)에 속하는 정사영상(❹)을 검색하였다.
- 연기면사무소로 검색한 후 원하는 정사영상을 선택하여 영상을 비교하고(❺), 메타파일(❻)을 확인한다. 그 이유는 파일의 생성일, 좌표계 등의 중요한 정보를 확인할 수 있기 때문이다. 선택한 영상을 다운로드 받는다.(❼)

Tip ◆ 데이터 작성일은 2020.12.31.이며, 좌표계는 GRS80 – 중부이므로 EPSG:5186에 해당하는 것을 알
수 있다.

다운로드를 클릭한 후 이름, 생년월일, 사용목적 등을 작성한 후 동의 체크 후 다운로드 한다.

이제 다운 받은 정사영상을 QGIS에 추가해 보자.

❶ 레이어 – 레이어 추가 – 래스터레이어 추가 또는 왼쪽 레이어 관리 툴바에서 [아이콘] 아이콘 Click
→ ❷, ❸ 파일 선택 → ❹ 열기 Click → ❺ 적용 Click, 닫기 Click

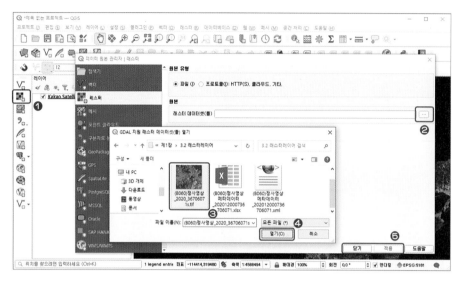

❻ 해당 레이어 마우스 우클릭 → 속성 Click

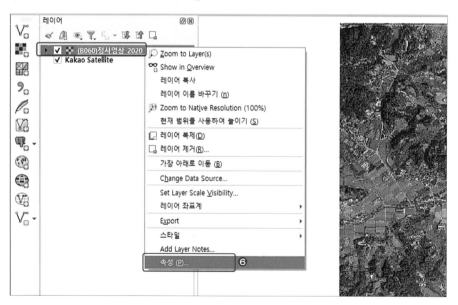

메타파일 정보에 따르면 세계측지계 중부원점이므로

❼ 원본 Click → ❽ 좌표계 아이콘 Click → ❾ 필터 : 5186 검색 → ❿ EPSG:5186 선택 →
⓫ 확인 Click

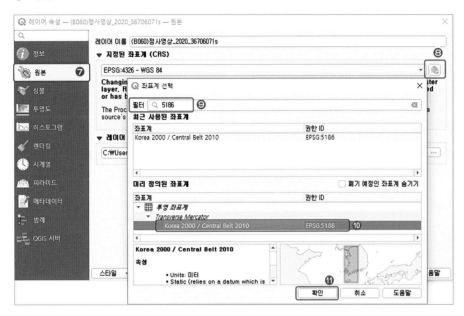

⓬ 해당 레이어 마우스 우클릭 → 레이어로 확대 Click

현재 국토지리정보원에서 공개하는 정사영상 등은 좌표계 정보(*.prj)가 없이 제공하고
있어 실제 위치에 표현되지 않는다. 이에 대해서는 제3장 1. 중첩기능에서 별도로 설명하고
자 한다.

3) 좌표계 설정

앞에서 살펴본 바와 같이 좌표계 설정은 매우 중요한 일이다. 한국의 좌표계는 다음의 표와 같이 다양하게 존재하는데, 이를 국제적으로 관리하는 EPSG코드로 정의하고 있다. 현재의 관리체계를 보면, 우선 가장 많은 활용도를 보이고 있는 지적도, 연속지적도, 행정구역경계 등은 Bessel1841타원체와 TM좌표계를 사용하고 있다. 따라서 EPSG:5173~5177까지 지역에 맞게 적용하면 된다. 예를 들어 대전지역이라면 중부원점 지역에 속하므로 EPSG:5174를 적용하면 된다. 기존 버전에서는 경도에 10.405″가 가산되지 않아 맞지 않는 현상이 있었으나 최근 버전에서는 모두 해소되있기 때문에 별도의 사용자 정의 좌표계를 만들지 않아도 된다.

다음으로 수치지형도 등 국토지리정보원에서 제공하는 대부분의 데이터는 GRS80타원체와 ITRF좌표계를 사용하고 있다. 따라서 EPSG:5185~5188(X=600,000 Y=200,000)을 사용하면 된다. 예를 들어 대전지역은 EPSG:5186을 적용한다. 다만, 2010년 이전에 작성된 데이터는 EPSG:5180~5184를 적용해야 한다. 원점에 X=500,000 Y=200,000을 가산하기 때문이다. 따라서 작성시기에 대한 정보를 반드시 확인해야 한다.

Spheroid/ Division	Code	Name	Central Meridian	Latitude of Origin	False Northing	False Easting	Scale Factor
Bessel1841							
구좌표	EPSG 2096 동부원점	Korean1985Korea Eastbelt	129	38	500,000	200,000	1
	EPSG 2097 중부원점	Korean1985Korea Centralbelt	127	38	500,000	200,000	1
	EPSG 2098 서부원점	Korean1985Korea Westbelt	125	38	500,000	200,000	1
새주소	EPSG 5178 UTM-K (Bessel)	KoreaUnified CoordinateSystem	127.5	38	2,000,000	1,000,000	0.9996
구좌표 (10.405″ 보정) KLIS 사용	EPSG 5173 서부원점	Korean1985Modified KoreaWestBelt	125.0028902777778	38	500,000	200,000	1
	EPSG 5174 중부원점	Korean1985Modified KoreaCentralBelt	127.0028902777778	38	500,000	200,000	1
	EPSG 5175 제주원점	Korean1985Modified KoreaCentralBeltjeju	127.0028902777778	38	550,000	200,000	1

Spheroid/ Division	Code	Name	Central Meridian	Latitude of Origin	False Northing	False Easting	Scale Factor
구좌표 (10.405' 보정) KLIS사용	EPSG 5176 동부원점	Korean1985Modified KoreaEastBelt	129.0028902777778	38	500,000	200,000	1
	EPSG 5177 동해원점	Korean1985Modified KoreaEastSeaBelt	131.0028902777778	38	500,000	200,000	1
WGS1841							
	EPSG 4166	Korean Datum 1995	—	—	—	—	—
GRS1980							
구좌표 (2010년 이전기준)	EPSG 5180 서부원점	Korea2000Korea WestBelt	125	38	500,000	200,000	1
	EPSG 5181 중부원점	Korea2000Korea CentralBelt	127	38	500,000	200,000	1
	EPSG 5182 제주원점	Korea2000Korea JejuBelt	127	38	550,000	200,000	1
	EPSG 5183 동부원점	Korea2000Korea EastBelt	129	38	500,000	200,000	1
	EPSG 5184 동해원점	Korea2000Korea EastSeaBelt	131	38	500,000	200,000	1
신좌표 (현재기준)	EPSG 5185 서부원점	Korea2000Korea WestBelt2010	125	38	600,000	200,000	1
	EPSG 5186 중부원점	Korea2000Korea CentralBelt2010	127	38	600,000	200,000	1
	EPSG 5187 동부원점	Korea2000Korea EastBelt2010	129	38	600,000	200,000	1
	EPSG 5188 동해원점	Korea2000Korea EastSeaBelt2010	131	38	600,000	200,000	1
네이버	EPSG 5179 UTM-K (GRS80)	Korea2000Korea UnifiedCoordinate System	127.5	38	2,000,000	1,000,000	0.9996

[실시간 좌표계 변환(On the Fly) 기능 활용]

'On the fly'란 각각의 다른 좌표계를 가진 도면이 'Project'에 정의된 좌표계에 맞춰 자동으로 보정되어 화면에 투영되는 기능을 말하며, 일반적으로 처음 추가한 레이어의 좌표계로 자동설정된다. 자주 사용하는 좌표계에 의해 실시간으로 좌표를 확인하고 싶다면 다음과 같이 설정한다. 여기서는 최근에 많이 사용하고 있는 세계측지계 중부원점(EPSG:5186)으로 설정한다.

❶ QGIS 상태표시줄(하단) 우측 EPSG 좌표 Click

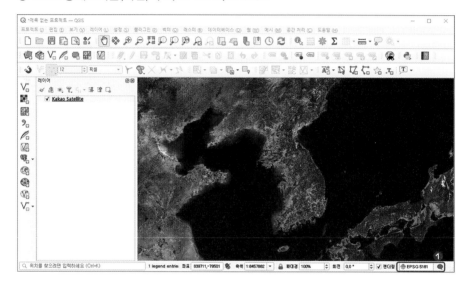

❷ 좌표계 없음 Check 해제 → ❸ 필터 : 5186 검색 – EPSG:5186 선택 – 적용 – 확인 Click

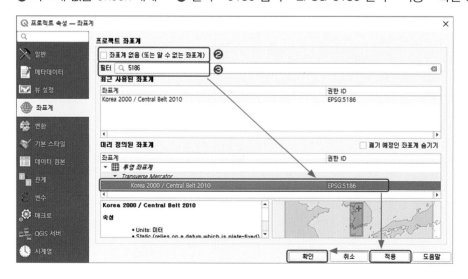

QGIS 상태표시줄 우측 EPSG코드가 5186으로 변경되었으며, EPSG:5186좌표체계에 의한 좌표를 실시간으로 확인할 수 있다.

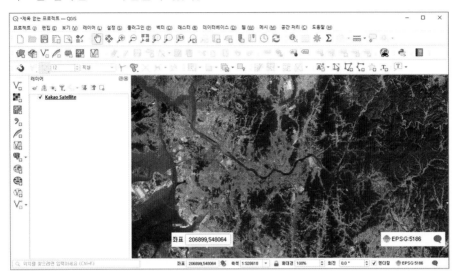

4) 벡터레이어

- 국가공간정보포털에 접속하여 연속지적도를 다운 받아 보자.
- 국가공간정보포털에 회원가입 후 접속하여 검색창에 "연속지적도"를 검색하여 원하는 지역의 자료를 다운 받는다.

• 실습파일은 오픈마켓 → 오픈마켓 더보기 Click → 연속지적도_충남 Click →
충남_계룡시 다운로드

[추가정보]

필드	값
데이터셋명	연속지적_충남
데이터유형	공간
데이터설명	전산화된 지적도 및 임야도의 도면상 경계점을 연결하여 연속된 형태로 작성한 도면정보(측량자료로 사용하지 못하는 참조용 도면정보)
갱신주기	변경발생시
최종갱신시기	변경발생시
구축범위	전국
데이터 좌표계	Bessel 보정된 중부원점 (TM)
데이터 포맷	SHP
공간정보분류	국토관리·지역개발 > 토지
기본공간정보분류	지적 > 연속지적도

Tip◆ 추가정보를 통해 해당 데이터의 좌표계는 Bessel−TM(중부)임을 확인

이제 다운 받은 Shp파일을 추가해 보자.

❶ 레이어 – 레이어 추가 – 벡터레이어 추가 또는 왼쪽 레이어 관리 툴바에서 ▨ 아이콘 Click
→ ❷ 파일 선택 – 열기 – 적용 – 닫기 Click

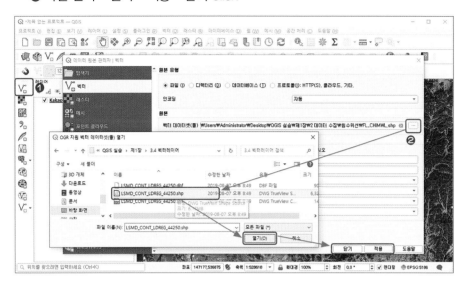

해당 레이어에서 마우스 우클릭 후 레이어 확대를 하면 계룡시가 충청남도가 아닌 전라북
도와 전라남도 사이에 위치한 것을 알 수 있다(둥근원 참고). 좌표계가 제대로 설정되어 있
지 않기 때문이다.

❸ 해당 연속지적도 레이어 마우스 우클릭 → 속성 Click

데이터를 다운 받을 때 좌표계가 "Bessel – TM(중부)"이었으므로 EPSG:5174를 적용한다.

❹ 원본 탭 Click → ❺ 필터 : 5174 검색 – EPSG:5174 선택 – 확인 Click – 적용 – 확인 Click

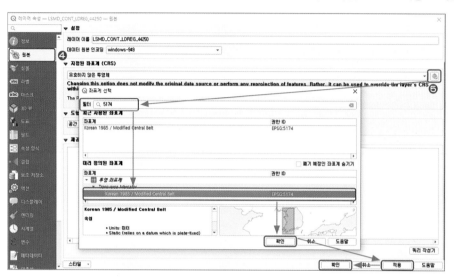

❻ 해당 레이어 마우스 우클릭 – 레이어 확대 Click

Tip◆ 벡터데이터의 경우 면(폴리곤) 및 선의 색상이 랜덤하게 설정되므로 스타일을 바꿔 줄 필요가 있다. 특히 면에 색상을 채우는 경우 확대/축소 시에 많은 시간이 소요되므로 채우지 않는 것이 좋다.

❼ 해당 레이어 마우스 우클릭 – 속성 Click → ❽ 심볼 탭 Click → ❾ 하위 심볼 선택 – 심볼
레이어 유형 – 외곽선 : 단순 라인 – 색상 선택 – 적용 – 확인 Click

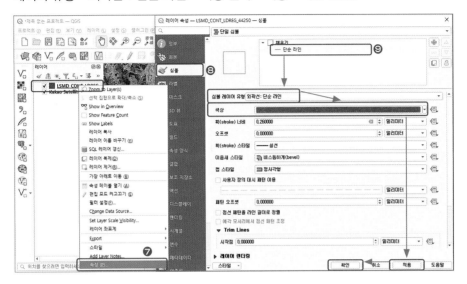

Tip◆ 정사영상 위 벡터데이터의 선 색상은 주로 붉은색, 녹색, 파란색, 흰색, 검은색 계통을 사용하는
것이 좋다.

다음과 같이 정사영상의 지형과 연속지적도가 일치하는 것을 확인할 수 있다.

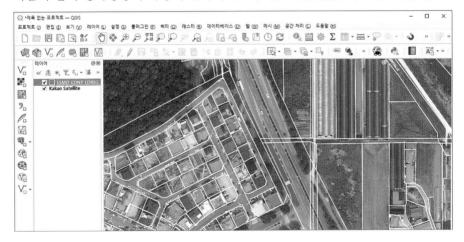

5) 스타일지정 및 라벨링

라벨링은 지도에 문자를 표현하는 것으로 연속지적도의 경우 지번을 라벨링하면 필지를 찾기가 쉬워진다. 앞의 실습에 이어 계룡시 연속지적도에 지번을 라벨링하고자 한다. 라벨링할 필드를 찾기 위해 속성 테이블을 연다.

❶ 해당 연속지적도 레이어 마우스 우클릭 – 속성 테이블 열기 Click – 라벨링할 필드 확인 – 닫기 Click

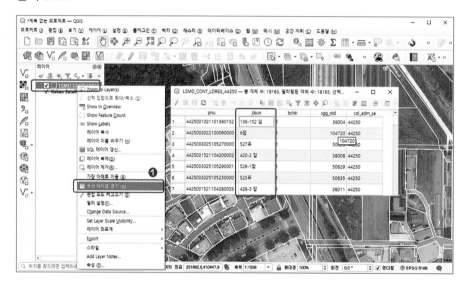

본 실습에서는 지번(jibun) 필드를 라벨링해 보도록 하자.

❷ 해당 레이어 마우스 우클릭 – 속성 Click → ❸ 라벨 탭 Click → ❹ 단일 라벨 선택 → ❺ 값 : jibun 선택 → ❻ 글꼴 등 선택 → ❼ 적용 – 확인 Click

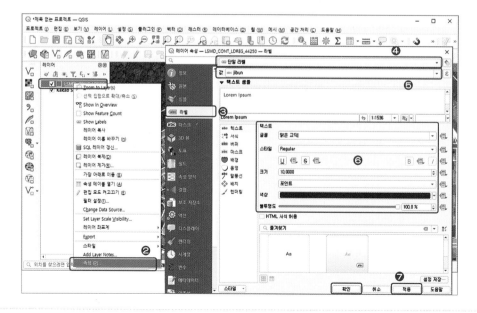

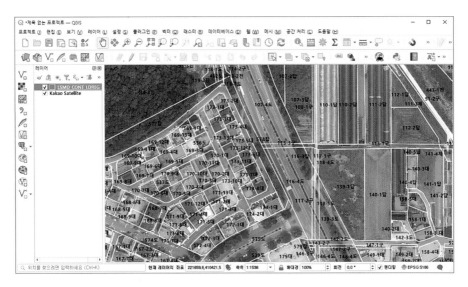

앞의 실습에서 연속지적도를 불러오면 점, 선, 면의 색상이 자동으로 지정된다. 따라서 배경화면에 따라 선의 색상이 잘 안 보이거나 면에 색상이 채워지게 되는데, 이를 변경하는 기능이 스타일지정이다. 이번에는 벡터데이터 중 SHP포맷과 함께 많이 사용되는 DXF포맷을 이용하여 스타일지정을 실습해 보고자 한다.

실습데이터는 국가공간정보포털에 접속하여 "수치지형도"검색 → 오픈마켓 → [국토지지정보원]수치지형도v1.0(1:2,500) Click → 충남 금산 데이터 다운로드(최종갱신 : 2018.05.23./ 데이터좌표계 : GRS80, TM 중부)

❶ 벡터레이어 추가 아이콘 Click → ❷ 수치지형도 선택 – 열기 Click → ❸ 적용 Click

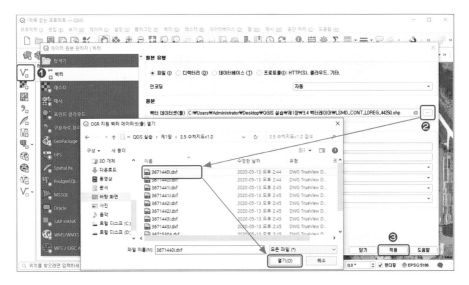

❹ 전체 선택 Click – 레이어 추가 Click → ❺ 닫기 Click

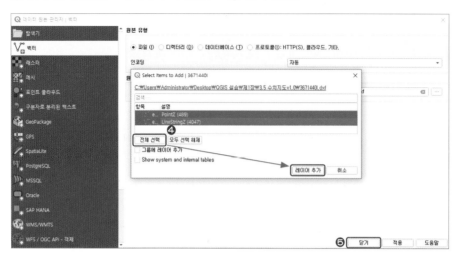

Tip◆ DXF포맷의 경우 도형유형에 따라 레이어가 만들어지므로 각 레이어마다 좌표계를 선택해야 하는 불편이 있다. 따라서 DXF파일은 AutoCAD S/W에서 PURGE명령을 이용하여 불필요한 객체를 소거하거나 WBLOCK명령으로 필요한 객체만 선택하여 파일을 만드는 것이 좋다.

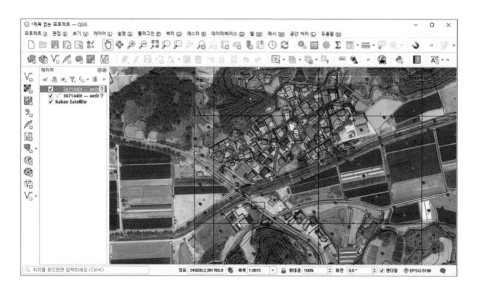

Tip◆ 만약 정사영상과 일치하지 않는 경우 국가공간정보포털의 정보에 따르면 "GRS80, TM 중부"이므로 "EPSG:5186"을 선택하면 된다.

위와 같이 점, 선이 각각 레이어로 추가되었다. 선의 색상이 잘 보이지 않으므로 선을 초록색으로 설정하고, 점은 객체의 속성 테이블을 확인하여 라벨링을 해 보자.

[선레이어] 해당 레이어(선) 마우스 우클릭 → 속성 Click → 심볼 탭 Click → 색상 등 지정 →
확인 Click

[점레이어] ❻ 해당 레이어(점) 마우스 우클릭 – 속성 테이블 열기 Click – 라벨링할 필드
확인 – 닫기 Click

Tip◆ 지형도의 Text필드값은 대부분 표고값이 보이고 있다.

❼ 해당 레이어(점) 마우스 우클릭 – 속성 Click → ❽ 라벨 탭 Click → ❾ 단일 라벨 선택 →
❿ 값 : Text 선택 → ⓫ 글꼴 등 선택 → ⓬ 적용 Click

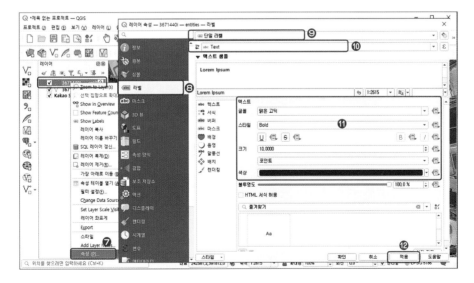

⑬ 심볼 탭 Click → ⑭ 단일심볼 ⇒ 심볼 없음으로 변경 → ⑮ 적용 – 확인 Click

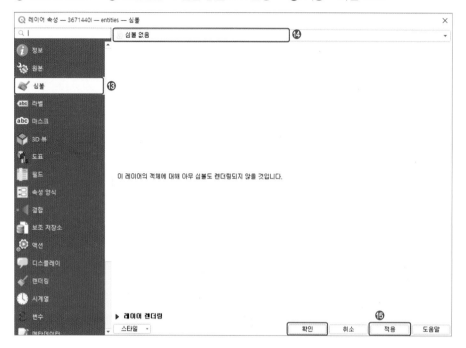

Tip◆ "심볼 없음"으로 선택하면 화면에 포인트가 표현되지 않는다. Text속성만 가지고 있는 경우에 사용하면 도면을 깔끔하게 볼 수 있다.

다음의 결과화면과 같이 깔끔하게 표현할 수 있다.

6) 구분자로 분리된 텍스트레이어

구분자로 분리된 텍스트레이어는 CSV, TXT, DAT포맷형식의 파일을 말하는 것으로, 해당
파일에 위치정보가 포함되어 있는 경우 QGIS에서는 점으로 표현하여 객체의 위치를 나타
내는 데 사용한다. 즉, 현장측량을 통해 관측된 수많은 점군이나 특정시설물의 위치정보 등
을 표현하는 데 편리하다.

(1) X, Y좌표 형태

국토지리정보원의 국토정보플랫폼에 접속하여 공간정보 받기 – 국토정보맵 Click → 국토
지리정보원 중심으로 반경 6.25km 검색 → 측량기준점 위치정보(U수원24~U수원27) 확
인 → 엑셀에 데이터 입력 후 CSV포맷으로 저장(데이터좌표계 : GRS80, TM 중부)

	A	B	C	D	E
1	점명	X좌표	Y좌표	높이	
2	U수원24	521215.0076	202983.606	76.3909	
3	U수원25	524056.4327	205637.3865	122.6989	
4	U수원26	518306.0765	205916.4784	56.4788	
5	U수원27	521529.8606	209731.0145	88.0732	

❶ 레이어 – 레이어 추가 – 구분자로 분리된 텍스트레이어 추가 또는 왼쪽 레이어 관리 툴바
에서 🔧 아이콘 클릭 → ❷ 해당 파일 선택 → ❸ 파일 포맷 : CSV – 첫번째 레코드를 필드
이름으로 Check – 포인트 좌표 선택 – X필드 : Y좌표, Y필드 : X좌표 – 도형 좌표계 :
EPSG:5186 → ❹ 적용 – 닫기 Click

Tip ◆ ・ 하단 "예시 데이터"의 한글이 깨져서 나타나는 경우 우측 상단의 밑줄 친 "인코딩"을 바꿔 줘야
　　　　한다. 인코딩은 일반적으로 EUC-KR, System 등을 적용한다.
　　　　・ 데이터 상단에 공백행이 있는 경우 공백행의 수만큼 "무시할 머리글 행의 수"에 기재한다.
　　　　・ 첫 번째 행에 필드 이름을 입력한 경우는 반드시 "첫번째 레코드를 필드 이름으로"를 선택한다.
　　　　・ 한국은 횡원통도법을 사용하므로 기본도법인 정축원통도법에 맞게 측량에서 사용하는 X, Y좌표를
　　　　　90도 회전해야 한다. 따라서 한국에서 사용하는 X좌표는 Y필드로, Y좌표는 X필드로 반대로
　　　　　설정해야 한다.
　　　　・ 기준점의 조서에 좌표계를 GRS80-ITRF 중부로 설정하고 있으므로 "EPSG:5186"을 선택한다.

❺ 해당 레이어 마우스 우클릭 – 레이어 확대 Click → ❻ 속성 Click

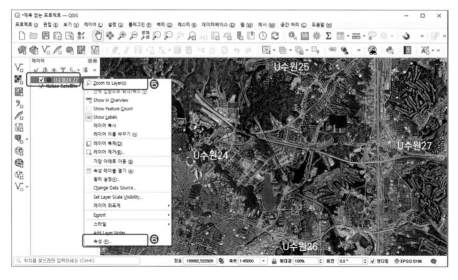

심볼 탭, 라벨 탭에서 점의 색상 및 크기, 라벨 등을 설정한다.

(2) 경위도 형태

공공데이터포털에 접속한 후 "국립공원 대피소"로 검색하여 "국립공원공단_국립공원 대피소_2015"를 다운 받는다.(데이터좌표계는 WGS84이므로 EPSG:4737임)

❶ 구분자로 분리된 텍스트레이어 추가 아이콘 Click → ❷ 해당 파일 선택 → ❸ 파일 포맷 : CSV – 첫번째 레코드를 필드 이름으로 Check – 포인트 좌표 선택 – X필드 : 경도, Y필드 : 위도 – 도형 좌표계 : EPSG:4737 → ❹ 적용 – 닫기 Click

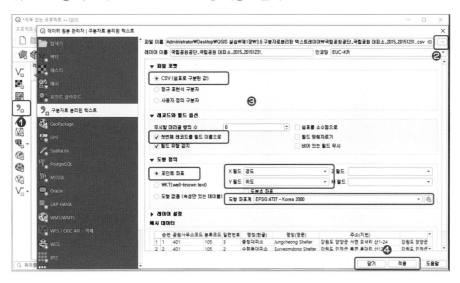

해당 레이어 마우스 우클릭 → 레이어로 확대/축소

해당 레이어 마우스 우클릭 → 속성 → 심볼, 라벨 변경

결과도면과 같이 작성된다.

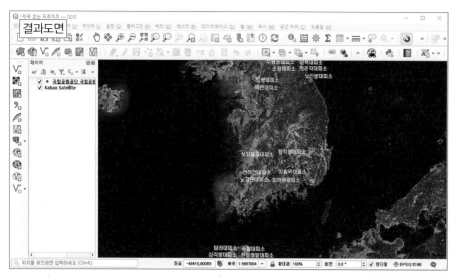

7) 새로운 레이어 만들기(점, 선, 면)

벡터데이터인 점, 선, 면은 다양한 분석에 유용하게 사용된다. 벡터데이터의 취득은 일반적으로 Total Station, GNSS 등의 측량장비로 현장측량을 통해 점의 형태로 취득하여 점 그대로를 사용하거나(기준점 등 특정위치를 표현하는 경우 등) 점을 연결하여 일정한 구역선을 만들거나(담장, 옹벽 등 일정범위를 필요로 하는 경우 등) 이를 폐합하여 면을 만들(토지의 필지와 같이 소유토지의 범위를 표현하는 경우 등) 수 있다. 또한 지적도면전산화, 수치지도제작 등과 같이 기존에 작성된 지적도 또는 항공사진의 디지타이징 등을 통해 작성하기도 한다. 최근에는 기술의 발달로 LiDar, Drone 등으로 취득한 데이터를 이용하여 Point Cloud 데이터를 작성하기도 한다. 이번 장에서는 TMS for Korea의 위성지도를 기초로 하여 새로운 레이어를 작성해 보도록 하자.

우선 웹 – TMS for Korea – Kakao Maps – Kakao Satellite를 Click하여 인천공항(영종도 "ㅇ" 부분) 지역을 확대해 보자.

오른쪽 하단 좌표계 표시부분을 Click한다.

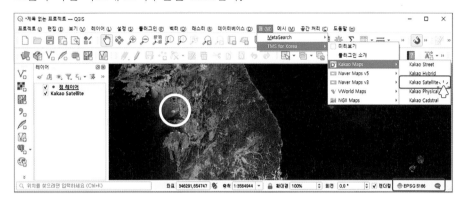

OTF좌표계는 세계측지계 중부원점 기준으로 설정하기 위해 EPSG:5186으로 선택한다.

(1) 점레이어

❶ 레이어 – 레이어 생성 – 새 Shapefile 레이어 Click

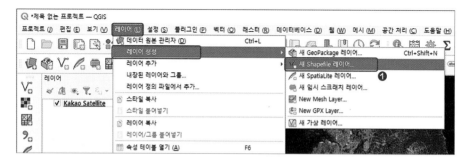

❷ 저장경로 및 이름 설정(점레이어) → ❸ 파일 인코딩 및 새 필드 추가 → ❹ 확인 Click

• 파일 인코딩 : EUC−KR
• 도형 유형 : Point
• 좌표 : EPSG:5186
• 새 필드
  – 이름 : 객체생성
  – 유형 : 텍스트 데이터
• 필드 목록 추가 Click

❺ "점 레이어"레이어 선택 → ❻ 편집모드 켜고 끄기 Click → ❼ 포인트 객체 추가 Click →
❽ 점 위치 Click → ❾ 속성 입력 – 포인트 객체 추가를 모두 완료하고 → ❿ 확인 Click →
⓫ 편집모드 켜고 끄기 Click

해당 레이어 마우스 우클릭 → 속성 → 심볼, 라벨 변경

(2) 선레이어

❶ 레이어 – 레이어 생성 – 새 Shapefile 레이어 Click

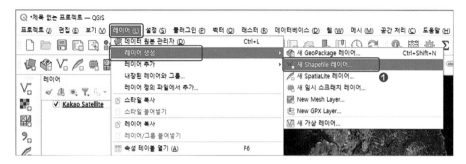

❷ 저장경로 및 이름 설정(면레이어) → ❸ 파일 인코딩 및 새 필드 추가 → ❹ 확인 Click

- 파일 인코딩 : EUC－KR
- 도형 유형 : 라인스트링
- 좌표 : EPSG:5186
- 새 필드
  - 이름 : 객체생성
  - 유형 : 텍스트 데이터
- 필드 목록 추가 Click

❺ "선 레이어"레이어 선택 → ❻ 편집모드 켜고 끄기 Click → ❼ 포인트 객체 추가 Click →
❽ 선 위치 Click → ❾ 속성 입력 – 선 객체 추가를 모두 완료하고 → ❿ 확인 Click → ⓫ 편집
모드 켜고 끄기 Click

(3) 스냅옵션 활용

선 객체를 입력할 때 기존에 입력한 선과 추가되는 선을 완전히 일치시키기는 어렵기 때문
에 스냅옵션을 이용하면 편리하다.

❶ 프로젝트 – 스냅 작업 옵션 Click → ❷ "Vertex and Segment, 교차 영역에 스냅"을 선택하면
아래와 같이 끝점 또는 굴곡점은 □로 표시되고, 선의 중간은 ×로 표시된다.

(4) 선 객체 편집

선 객체를 객체 중 일부를 분리하거나 삭제해야 하는 경우 편집 기능을 이용하면 된다.

❶ "선 레이어" 레이어 선택 → ❷ 편집모드 켜고 끄기 Click → ❸ 객체 선택 Click → ❹ 선 객체 선택(선택되면 노란색으로 표시)

❺ 편집 – 도형 편집 – 피처 분할 Click

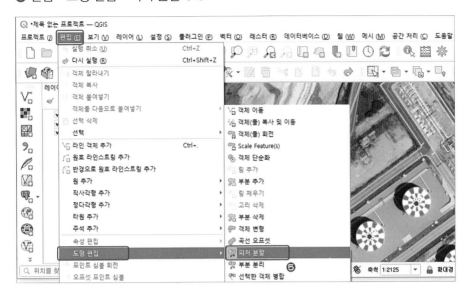

❻ 분할하고자 하는 지점을 통과하는 교차선 입력 → 마우스 우클릭하면 선이 분리됨

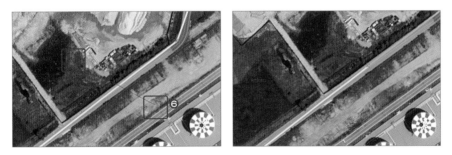

분리되어 남은 객체가 필요 없으면 선택하여 삭제한다. 이외에도 다양한 편집 기능들이 있
으니 사용해 보자.

(5) 면레이어

❶ 레이어 – 레이어 생성 – 새 Shapefile 레이어 Click

❷ 저장경로 및 이름 설정(면레이어) → ❸ 파일 인코딩 및 새 필드 추가 → ❹ 확인 Click

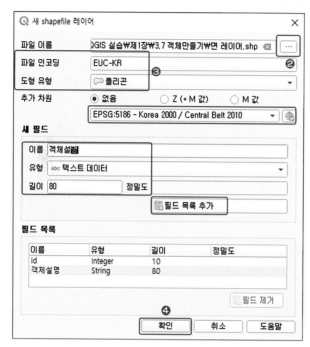

- 파일 인코딩 : EUC-KR
- 도형 유형 : 폴리곤
- 좌표 : EPSG:5186
- 새 필드
  - 이름 : 객체설명
  - 유형 : 텍스트 데이터
- 필드 목록 추가 Click

❺ "면 레이어"레이어 선택 → ❻ 편집모드 켜고 끄기 Click → ❼ 포인트 객체 추가 Click → ❽ 면 위치 Click → ❾ 속성 입력 – 면 객체 추가를 모두 완료하고 → ❿ 확인 Click → ⓫ 편집 모드 켜고 끄기 Click

(6) 면 객체 면적 구하기

❶ "면 레이어" 레이어 선택 → ❷ 편집모드 켜고 끄기 Click → ❸ "면 레이어" 레이어 마우스 우클릭 – 속성 테이블 열기 Click → ❹ 필드계산기 열기 Click

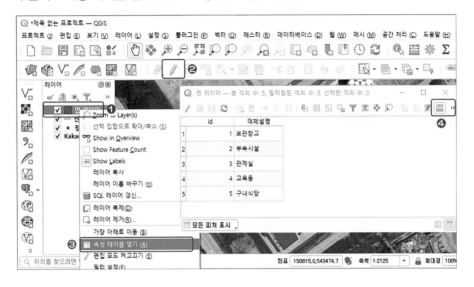

❺ 새로운 필드 생성 체크 → ❻ 산출 필드 이름, 산출 필드 유형, 산출 필드 길이 → ❼ 도형 – $area 선택 → ❽ 확인 Click(속성 테이블에서 "면적" 필드가 생성된 것을 확인할 수 있다.)

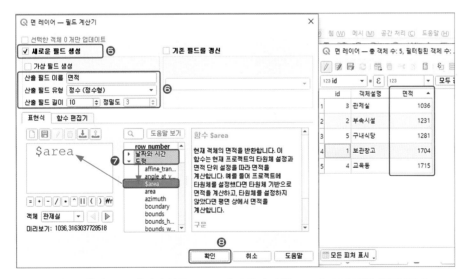

면적단위는 m²이므로 면적단위를 ha로 나타내려면 "$area/10000"을 하면 된다.

8) 버퍼기능

버퍼기능은 특정위치로부터 일정한 범위를 지정할 때 사용하는 것으로, 일반적으로 항공, 철도, 도로 등의 주요 시설물을 보호하기 위해 시설물로부터 일정범위를 보호구역으로 지정한 경우 편리하게 범위를 나타낼 때 사용한다. 이외에도 학교 주변에 유해시설물이 들어서는 것을 방지하기 위해 규제하는 학교정화구역 등 버퍼의 기능은 다양한 분야에 활용할 수 있다.

(1) 보호구역 실정

이번 실습은 인천공항의 활주로를 중심으로 보호구역을 설정하기 위해 활주로를 폴리곤으로 작성한 후 버퍼기능을 이용하여 10km 범위의 보호구역 도면을 작성하는 것이다.

❶ 레이어 – 레이어 생성 – 새 Shapefile 레이어 Click → 저장경로 및 이름 설정(인천공항) → 도형유형 선택(폴리곤) → 좌표계 선택(EPSG:5186) → 필드 명칭 작성 → 필드 목록 추가 Click → 확인 Click

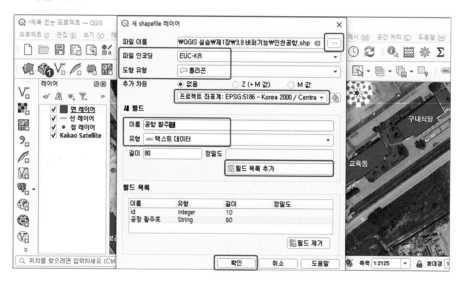

❷ "인천공항"레이어 선택 → 편집모드 켜고 끄기 Click → 폴리곤 객체 추가 Click → 위치 Click
→ 속성 입력 → 편집모드 켜고 끄기 Click 작업 종료

❸ 벡터 – 지리 정보 처리 도구 – 버퍼 Click

❹ 해당 레이어 선택(인천공항) → ❺ 버퍼거리 입력(10km) → ❻ 선분값 입력(10) →
❼ Dissolve 적용 여부 결정 → ❽ 저장될 이름 및 위치 지정(Incheon airport safe zone) →
❾ 실행 Click 후 닫기 Click

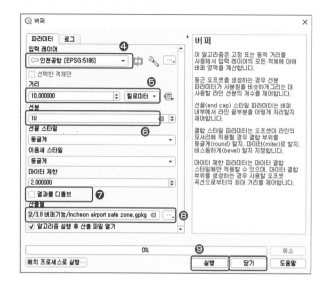

- ❺ 거리의 단위는 미터, 킬로미터 등 업무특성에 맞게 선택
- ❻ 선분은 10으로 설정(아래 설명 참고)
- ❼ 버퍼 경계를 병합하는 경우에는 체크

Tip ◆ 선분은 버퍼 중심의 반경을 이루는 점의 개수를 말하는 것으로, 일반적으로 10~20 사이가 적당하다. 값이 클수록 버퍼의 모양이 원에 가깝고 용량이 커지는 반면, 값이 작아지면 버퍼가 각진 모양이 되고 용량이 작아진다.

선분값이 큰 경우

선분값이 작은 경우

"인천공항"레이어를 버퍼분석레이어 위에 놓으면 다음과 같이 결과도면을 확인할 수 있다.

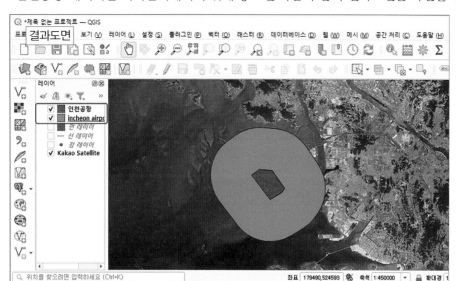

(2) 버퍼 내 포함 객체 수량 확인

이번에는 인천공항레이어를 중심으로 1km, 5km 각각에 포함되는 경보센서의 개수를 파악
하여 보자. 이 데이터는 가상의 데이터이다.

❶ Kakao Satellite레이어와 인천공항 벡터파일 입력(앞의 내용 참고)
❷ 벡터레이어 추가 아이콘 Click → 경보센서.shp – 닫기 – 추가 Click

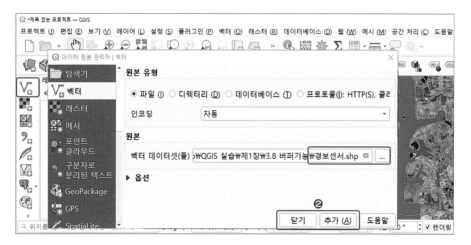

결과화면과 같이 인천공항과 경보센서의 위치가 보인다.

❸ 벡터 – 지리 정보 처리 도구 – 버퍼 Click

❹ 인천공항 선택 – 버퍼거리 : 1km, 선분 : 10, 저장 이름 지정 : Buffer_1.0 – 실행 – 닫기
Click → ❺ 인천공항 선택 – 버퍼거리 : 5km, 선분 : 10, 저장 이름 지정 : Buffer_5.0 – 실
행 – 닫기 Click

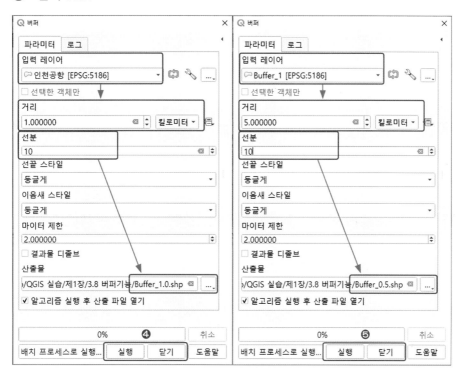

레이어 순서를 정리하면 결과화면과 같이 1km, 5km 범위에 포함되는 경보센서 객체가 보
인다.

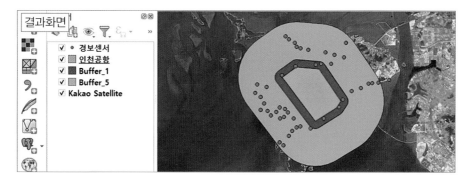

❻ 벡터 – 분석 도구 – 폴리곤에 포함하는 포인트 개수 계산 Click

❼ 폴리곤 : Buffer_1 – 포인트 : 경보센서 – 저장 이름 지정 : Bu_1_cnt – 실행 – 닫기 Click →
❽ 폴리곤 : Buffer_5 – 포인트 : 경보센서 – 저장 이름 지정 : Bu_5_cnt – 실행 – 닫기 Click

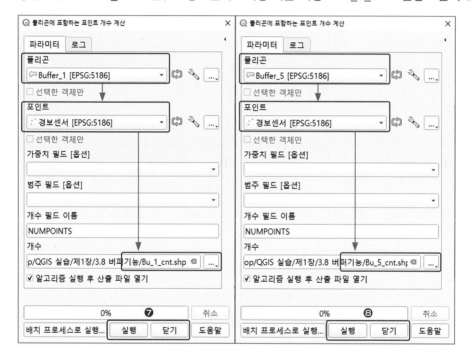

결과레이어 마우스 우클릭 – 속성 테이블을 클릭하면 결과화면과 같이 1km, 5km 범위에
각각 7, 45개의 객체가 있는 것을 확인할 수 있다.

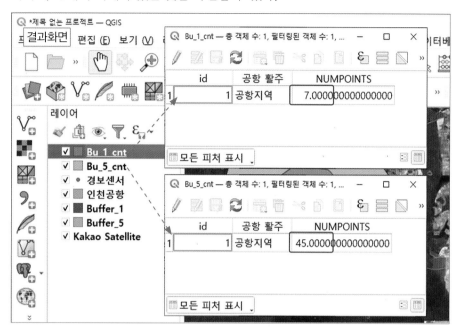

9) 점 좌표 추출하기

7)에서와 같이 점레이어를 생성하여 각각의 좌표를 산출하는 방법을 알아보기로 하자.
예를 들어 기준점 또는 가스관로를 신설하는 경우 영상에서 해당 위치를 대략적으로 파악
하고 현장답사에서 최적의 위치를 확정하면 효과적일 것이다. 따라서 영상에서 대략적인
위치의 좌표를 취득하게 되면 측량장비나 스마트폰 등으로 쉽게 위치를 찾아 업무를 효과
적으로 수행할 수 있다.

(1) 점 생성("7) (1) 점레이어" 참고)

❶ 레이어 – 레이어 생성 – 새 Shapefile레이어 Click → ❷ SHP파일 저장경로 및 이름 설정
(점 생성) → ❸ 도형 유형 선택(포인트) → ❹ 좌표계 선택(EPSG:5186) → ❺ 필드명칭 작성 →
❻ 필드 목록 추가 Click → ❼ 확인 Click → ❽ "점 추가 실습"레이어 선택 → ❾ 편집모드 켜고
끄기 Click → ❿ 포인트 객체 추가 Click → ⓫ 위치 Click → ⓬ 속성 입력 → 포인트 객체 추가
를 모두 완료한 경우 → ⓭ 편집모드 켜고 끄기 Click하여 작업을 종료한다.

해당 레이어 마우스 우클릭 → 속성 → 심볼, 라벨 변경

(2) 점 세계측지계 좌표 추출

점 생성 레이어에서 마우스 우클릭하여 속성 테이블을 열어 보면 ID와 객체 설명만 보이며, 좌표는 보이지 않는다. 점 생성 시 좌표계를 EPSG:5186으로 설정하였으므로 세계측지계 좌표를 바로 추출해 보자.

❶ 점 생성 레이어 마우스 우클릭 → 편집 모드 켜고끄기 Click → ❷ 필드계산기 Click

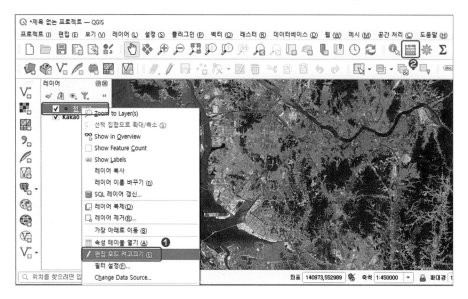

❸ 새로운 필드 생성 Check → 산출 필드 이름(X 좌표), 산출 필드 유형(십진수(real)), 산출 필드 길이(10, 2) → ❹ 도형 – $y를 Double Click하면 표현식에 들어가고, 출력미리보기에 값이 나타남 → ❺ 확인 Click

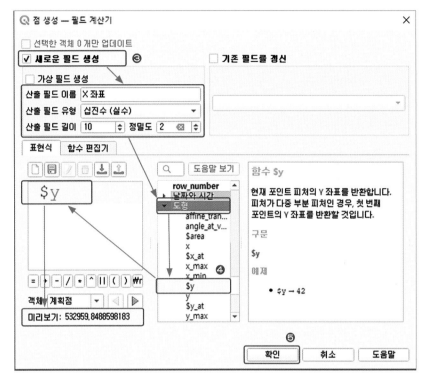

Tip◆ 우리나라는 횡원통도법을 사용하기 때문에 90도 회전되어 표준인 원통도법 기준으로 X, Y가 바뀌게 된다. 따라서 표준을 따르는 ArcGIS, AutoCAD, QGIS 등에서의 좌표는 X, Y를 바꾸어 주어야 한다.

Y좌표도 동일하게 추출해 본다.

❻ 필드계산기 Click → ❼ 새로운 필드 생성 Check → 산출 필드 이름(Y 좌표), 산출 필드 유형
(십진수(real)), 산출 필드 길이(10, 2) → ❽ 도형 – $x를 Double Click하면 표현식에 들어가고,
출력미리보기에 값이 나타남 → ❾ 확인 Click

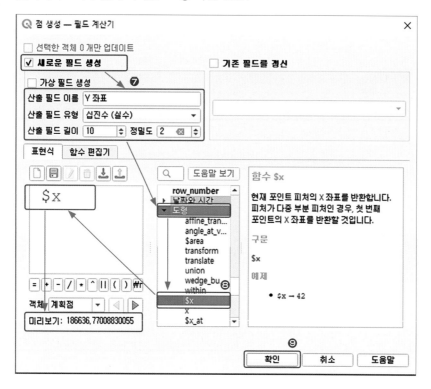

❿ 점 생성레이어 마우스 우클릭 → 속성 테이블 열기 Click하면 결과화면과 같이 X, Y 좌표가 추
출된 것을 확인할 수 있다.

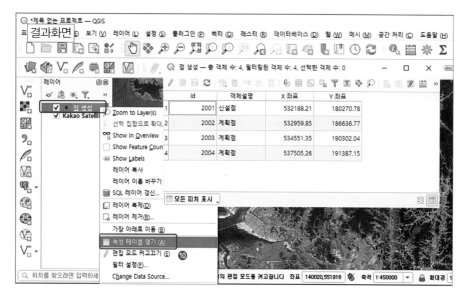

(3) 점 WGS경위도 좌표 추출

국토지리정보원의 국토정보플랫폼에서 지리정보원 인근의 통합기준점 "U수원24"의 기준
점조서는 아래 그림과 같다. 점명, X, Y 좌표를 입력하고 U수원24.CSV파일을 작성하여 실
습을 진행해 보자.

기준점의 조서(동합기준점) (1 / 2)

점의번호	U수원24		이력사항		조사현황	
도엽명	수원		매설일	2012년 07월 24일	조사년월	2019년 06월 14일
도로명주소	경기도 수원시 팔달구 창룡대로210번길		고시번호	2015-3014	조사기관	경기도 수원시 팔달구
지번주소	경기도 수원시 팔달구 우만동 284		고시일	2015년 12월 31일	점의상태	사용 가능

통합기준점 성과 (세계측지계)	위도	37°17'24.55844"	X(m)	521215.0076	원점	중부원점
	경도	127°02'01.13119"	Y(m)	202983.606		
	타원체고(m)	100.0272	표고(m)	76.3909		직접수준측량
	지오이드고(m)	23.6363	시점		교BM15	
	중력값(mGal)	-	수준측량노선 종점		22-25-01	

조서보기 고시이력(구성과열람)

❶ 구분자로 분리된 텍스트레이어 추가 Click → ❷ U수원24.csv파일 선택 → ❸ CSV
Check – 첫번째 레코드를 필드 이름으로 Check – 포인트 좌표[X 필드 : Y 좌표, Y 필드 : X
좌표] – 도형 좌표계 : EPSG:5186 → ❹ 추가 – 닫기 Click

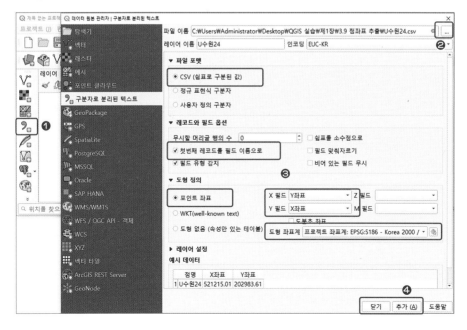

❺ 우측 하단 좌표계 설정 Click → ❻ 필터에서 WGS좌표계인 "4326"을 검색 →
❼ EPSG:4326 선택 → ❽ 확인 Click

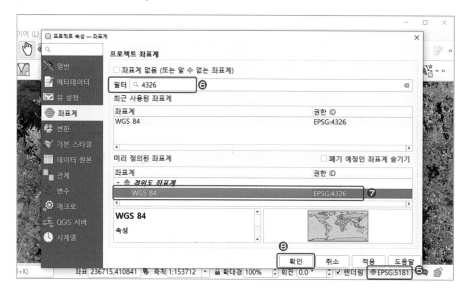

❾ 벡터 – 도형 도구 – 도형 속성 추가 Click

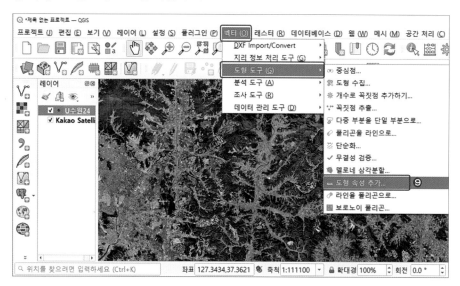

❿ 입력 레이어 : U수원24 – 다음을 이용하여 계산 : 프로젝트 좌표계 – 저장경로 지정 – 알고리
즘 실행 후 산출파일 열기 Check → ⓫ 실행 – 닫기 Click

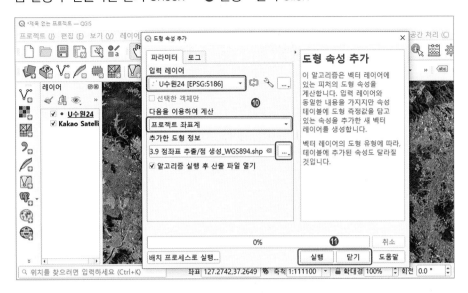

⓬ 추가한 도형레이어 마우스 우클릭 → 속성 테이블 열기 Click → 테이블 결과 확인

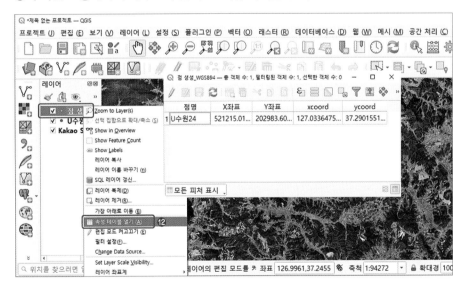

Tip◆ 위도 37.2901551445, 경도 127.033647597을 계산기를 이용하여 도, 분, 초로 환산하면 각각
37°17′24.56″, 127°02′01.13″이 산출되어 국토지리정보원 고시좌표와 거의 차이가 없음을 확인할
수 있다.

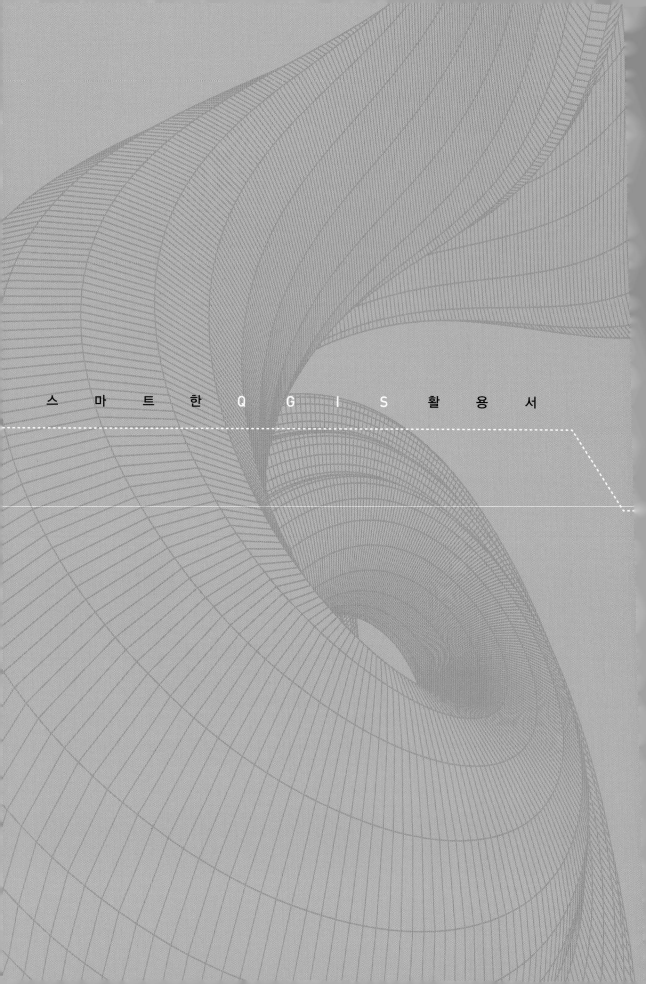

스 마 트 한 Q G I S 활 용 서

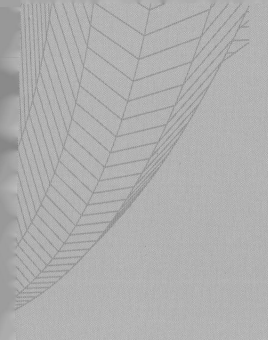

CHAPTER 02

현장 활용

02 CHAPTER

현장 활용

이 장에서는 측량기준점을 이용하여 새로운 지역의 개발 등을 위해 기준점을 신설하거나 이미 설치된 기준점을 관리하는 방법을 알아보자.

01 기준점 신설

1) 기준점 사전조사 및 전개

측량기준점은 크게 국가기준점과 공공기준점, 지적기준점으로 나뉜다. 최근(2010년 이후) 에는 세계측지계 기준을 사용하면서부터 국가기준점 중 위성기준점과 통합기준점의 활용도가 높아지고 있다. 특히 위성기준점은 GNSS측량의 성과계산에 있어서 없어서는 안 되는 중요한 기반인프라로서 국토지리정보원의 국토정보플랫폼과 국토교통부의 국가공간정보 포털에서 고시성과를 확인할 수 있다. 전국에 10×10km 또는 3×3km로 설치되어 있는 통합기준점도 역시 두 개의 플랫폼에서 그 성과를 서비스하고 있다. 다만 국토정보플랫폼의 경우 국토지리정보원에서 관리하므로 고시와 동시에 성과를 서비스하고 있으나 국가공간 정보포털의 경우 성과 적용이 늦을 수 있기 때문에 반드시 고시성과와의 부합여부를 확인해야 한다. 반면 국토정보플랫폼의 경우 단순히 PDF에 의한 고시성과 또는 한점단위성과 표를 제공하므로 국가공간정보포털과 같이 *.Shp 파일로 작성된 경우 별도의 *.csv포맷 작성 후 작업하는 등의 번거로움은 줄일 수 있다. 그러나 다시 한번 강조하지만 국토지리정보원의 고시성과와 반드시 확인하여 사용하도록 권장한다. 왜냐하면 고시 및 등록시점의 차이가 분명히 존재하며, 시점 차이에 따라 망실 및 신설 등이 발생할 수 있기 때문이다. 또한 간혹 잘못된 정보가 입력된 경우도 있으므로 유의해야 한다.

본 활용서의 위성기준점은 국토지리정보원의 국토정보플랫폼에 고시되어 있는 데이터를 이용하고 통합기준점은 국토교통부의 국가공간정보포털 데이터를 이용하였다.

(1) 위성기준점 데이터 만들기

국토지리정보원의 국토정보플랫폼에 접속하여 "공간정보 – 위성기준점 Click → 맨 하단
위성기준점 – 위성기준점 현황 Click"에서 작업하고자 하는 지역에 해당하는 위성기준점을
확인한다.

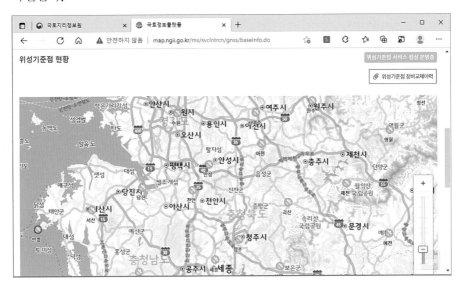

용인시 인근에 신설점을 설치해야 하는 경우 "수원, 양평, 안성, 괴산, 원주, 천안" 등의
위성기준점을 활용할 수 있을 것이다. 해당 성과를 *.csv파일로 만들어 점레이어로 만들어
보자.

엑셀을 실행하여 아래와 같은 서식을 만들어 데이터를 입력할 수 있도록 하고 각각의 고시
성과를 입력하여 파일을 완성한다.

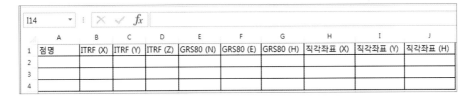

해당 점들을 입력한 후 *.csv포맷으로 저장하여 보자.

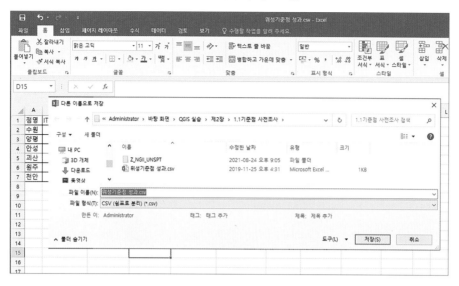

구분자로 분리된 텍스트레이어 추가기능을 이용하여 위성기준점 성과.csv파일을 추가한
다. 위성기준점레이어 속성에서 심볼과 라벨을 변경하여 적용한다.

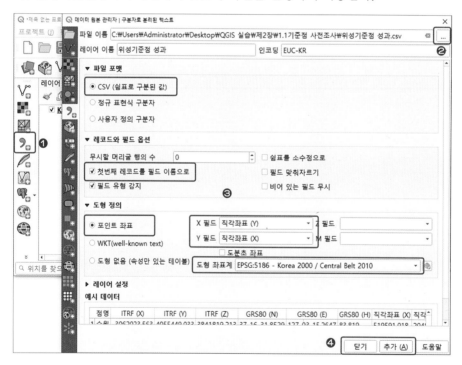

CSV포맷의 경우 읽을 때마다 좌표계를 설정해 줘야 하므로 SHP포맷으로 저장하여 사용하
는 것이 편리하다. 다른 이름으로 저장하기 기능을 이용하여 저장해 보자.

❺ 위성기준점레이어 마우스 우클릭 – 내보내기 – 객체를 다른 이름으로 저장 Click →
❻ 파일 경로 및 이름 지정 → ❼ 좌표계 EPSG:5186 → ❽ 확인 Click

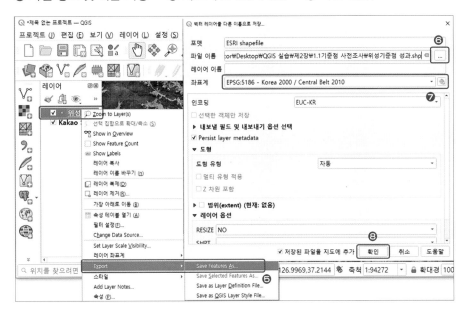

결과화면과 같이 기준점의 위치를 표현할 수 있다.

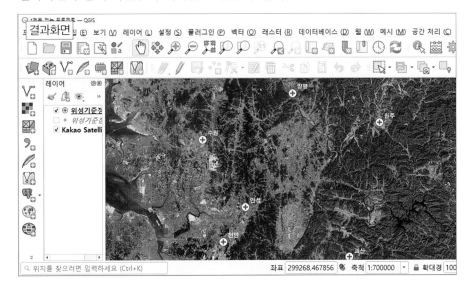

(2) 통합기준점 다운로드

국토교통부의 국가공간정보포털에 접속하여 "기준점"으로 검색하면 목록 중에 "통합기준점"을 확인할 수 있다.

❶ "통합기준점" Click → ❷ "다운로드"Click

해당 데이터의 정보를 확인하기 위해 스크롤바를 아래로 내리면 추가정보에서 데이터포맷은 shp이며, 좌표계는 GRS80, 중부이다. 그러나 해당 데이터를 불러들인 후 속성 테이블을 열어 보면 경위도형태로 저장되어 있는 것을 알 수 있다. 따라서 GRS80/UTM-K를 사용해야 한다. 즉 EPSG:5179를 적용해야 한다.(제1장 **03** 3) 좌표계 설정 참고)

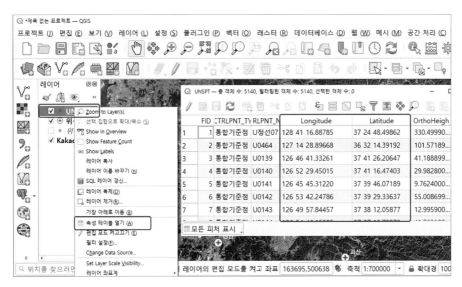

Tip 통합기준점, 전국 도로 도면 등 전국단위의 데이터를 표현하기 위해서는 서부, 중부, 동부 등의 구획으로 나뉜 좌표계가 아닌 전국을 하나의 좌표계로 표시해야 한다. 따라서, WGS84 좌표계(EPSG:4326)나 GRS80/UTM-K좌표계(EPSG:5179)를 주로 사용한다는 것을 명심해야 한다.

❶ 벡터레이어 아이콘 Click → ❷ 파일 선택 → ❸ 추가 Click

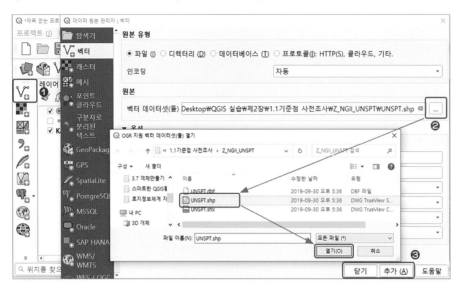

❹ UNSPT레이어 마우스 우클릭 – 속성 Click

❺ 원본 탭 Click → ❻ 좌표계 선택 Click → ❼ 5179 검색 – EPSG:5179 선택 → ❽ 적용 –
확인 Click

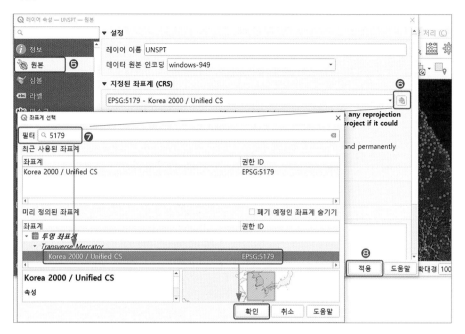

UNSPT레이어 이름을 "통합기준점"으로 변경하고 속성에서 심볼과 라벨을 변경하여 적용
하면 결과화면과 같이 나타난다.

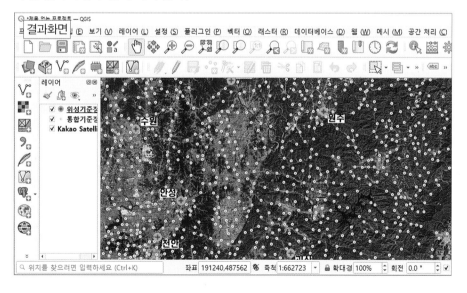

2) 도상계획

위성기준점 중 "수원" 아래쪽에 "U용인22", "U용인53" 사이의 지역을 계획한다고 가정하고 기준점을 신설하는 경우 "U용인22", "U용인53", "U용인33"을 연결하여 다각망도선법(Y형) (또는 트래버스망)으로 기준점망을 구성할 수 있을 것이다.(U용인33 ↔ U용인45 간 거리는 약 2.6km)

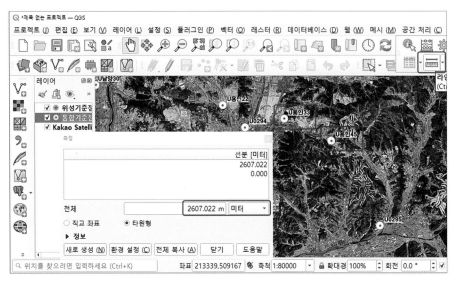

각각 통합 기준점 간 시통 가능여부를 확인하고 가능하지 않은 지점은 새로이 기준점을 신설할 필요가 있다. 신설기준점은 GNSS 정지측량(Static)을 실시하고 위성기준점을 기지점으로 하여 성과를 결정하여야 한다. 이후 토탈스테이션 등을 이용하여 다각망도선법에 의한 기준점 신설(ㅁ)을 위한 도상계획을 수립한다.

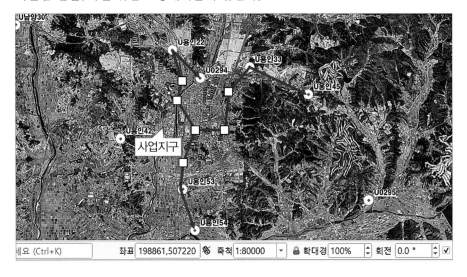

3) 현장답사 및 선점, 매설

현장답사 시에는 도상계획 망도와 낫, 톱, 망원경, 조표도구 등을 지참하여 도상계획에서 선정한 기지점 간 시통 여부, 신설기준점 간의 시통, 신설 가능여부(단단한 지반, 기계 거치 가능 여부 등 관측환경 점검) 등을 점검하여 선점을 해야 한다. 특히 GNSS측량을 실시하여야 하는 기지점의 경우 GNSS관측환경을 점검해야 한다. 따라서 점검용 App 등을 활용하여 업무의 효율성을 높여 보기로 하자.

GNSS측량은 지구 밖 위성으로부터 수신되는 전파의 거리를 측정하여 위치를 결정하는 방식으로, 관측지점에서 최대한 많은 전파가 수신되는 환경이 중요하다. 위성이 수신되는 최대한의 각도를 측정하는 App으로 Google Play에서 무료로 다운 받을 수 있는 "항공계기판 – 속도계"를 추천한다.(단, iOS체계의 App Store에서는 지원하지 않음)

가운데 -◇-를 지상의 지물, 구조물 등과 하늘이 맞닿는 부분에 맞추면 좌측 하단에서 방위각과 고도를 확인할 수 있고, 이를 아래의 상공장애도 서식에 그리게 되면 전파수신 가시영역의 확인이 가능하게 되어 관측계획수립에 용이하다.

〈상공장애도〉

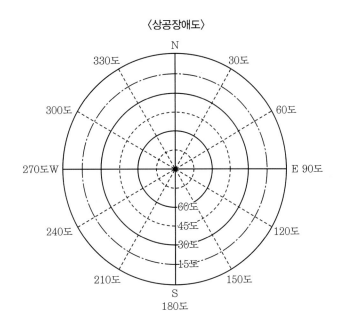

4) 관측 및 계산

현장관측이 완료되면 관련 기선해석 SW 및 기준점계산 SW를 이용하여 계산을 실시한다.

5) 기준점 분석

사업지구 내 측량대상 토지(토지조서)의 위치를 확인하고 해당 지역 인근의 기존 기준점의 활용 여부 및 새로운 기준점 설치 예정지를 분석하는 방법을 알아보자.

대상시역은 세종시로, 국가공간정보포털에 접속한 후 검색장에 "언속시적도"를 검색하여 세종특별자치시의 연속지적도를 다운 받아 보자.(실습파일은 국가공간정보포털 – "연속지적도" 검색 – 오픈마켓 – 연속지적도_세종 Click 다운로드)

(1) 연속지적도 추가

❶ 웹 – TMS for Korea – Kakao Maps – Kakao Satellite Click → ❷ 하단 좌표계 EPSG:5186 설정

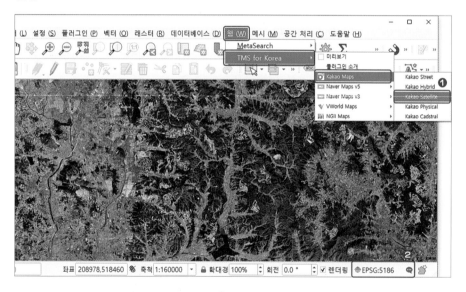

❸ 벡터레이어 추가 아이콘 Click → **❹** 연속지적도 파일 선택 → **❺** 추가 – 닫기 Click

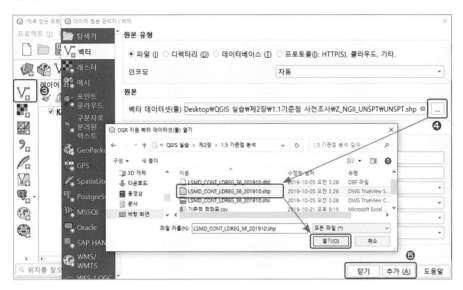

❻ 연속지적도레이어 마우스 우클릭 – 속성 Click

❼ 원본 탭 Click → ❽ 좌표계 선택(EPSG：5174) → ❾ 적용 – 확인 Click

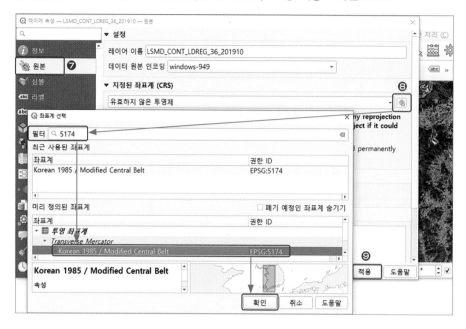

정상적으로 입력되었는지 확인한다.

(2) 지오코딩을 위한 토지조서데이터 정제

아래와 같은 조서(사업지구 조서.xlsx)가 있는 경우 토지소재지를 지오코딩이 가능하도록
정제해야 한다.

	A	B	C
1	사업대상지 편입조서		
2	순번	지역	토지소재지
3	1	세종특별자치시	조치원읍 번암리 172-1
4	2	세종특별자치시	조치원읍 번암리 189-2
5	3	세종특별자치시	조치원읍 번암리 192
6	4	세종특별자치시	연서면 월하리 505-3
7	5	세종특별자치시	연서면 월하리 572
8	6	세종특별자치시	연서면 월하리 583-1
9	7	세종특별자치시	연서면 월하리 597-5
10	8	세종특별자치시	연서면 월하리 618
11	9	세종특별자치시	연서면 쌍전리 575
12	10	세종특별자치시	연서면 쌍전리 579
13	11	세종특별자치시	연서면 쌍전리 606
14	12	세종특별자치시	연서면 쌍전리 645
15	13	세종특별자치시	연서면 쌍전리 653
16	14	세종특별자치시	연서면 쌍전리 682
17	15	세종특별자치시	연서면 국촌리 96
18	16	세종특별자치시	연서면 국촌리 114

❶ 상단 제목 행 삭제 → ❷ D열에 "최종 토지소재지"제목 입력 → ❸ D2 셀에 텍스트 함수
CONCATENATE(텍스트조인)를 이용하여 "세종특별자치시"와 토지소재지 "조치원읍 번암리
172 – 1"를 조인한다. 다만 행정구역 명칭 사이에 공백을 주어야 하므로 Text2에는 스페이스를
이용하여 공백을 만든다. → ❹ 확인 Click

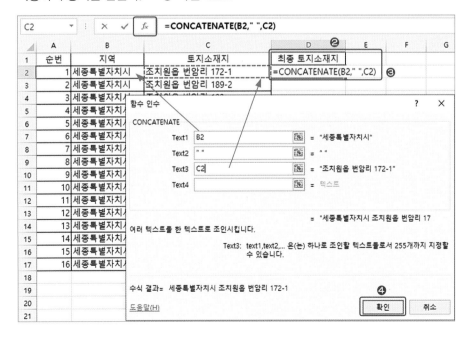

❺ D열을 선택하여 복사 → ❻ E셀 : 값으로 붙여넣기 → ❼ D열 삭제 → ❽ "사업지구 조서_정제.xlsx"로 저장

(3) 지오코딩데이터로 변환

"사업지구 조서_정제.xlsx"에 있는 주소정보를 이용하여 지오코딩데이터로 변환하여 보자. GIS관련 정보를 서비스하는 http://www.biz − gis.com에서 공개적으로 지원하고 있는 지오코딩서비스를 이용하여 변환해 보도록 하자.

❶ http://www.biz − gis.com의 GIS 분석툴 X − Ray Map for Web Click

❷ 추가 및 심볼 – Geocoding Tool Click → ❸ 엑셀파일 열기 Click → ❹ 사업지구 조서_
정제.xlsx 선택 후 열기 Click

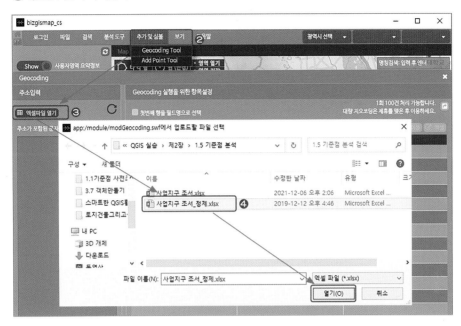

❺ 첫번째 행을 필드명으로 선택 체크, 주소필드 선택 : 최종 토지소재지 → ❻ 지오코딩 실행
Click → ❼ 저장방법으로 엑셀 Click → ❽ 좌표계는 TM을 선택하여 저장

Tip◆ 해당 좌표는 Bessel-TM형태로 저장됨

❾ 빈 엑셀파일을 생성하여 데이터 – 외부 데이터 가져오기 – 텍스트 Click → ❿ 지오코딩된 텍스트파일 선택

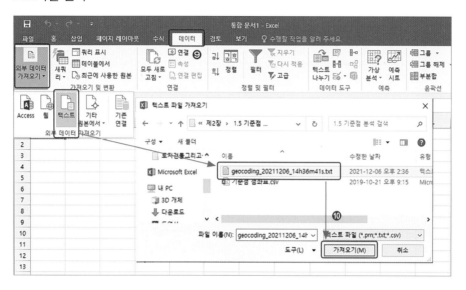

구분 기호로 분리됨(다음) → 탭(다음) → 일반(마침) Click

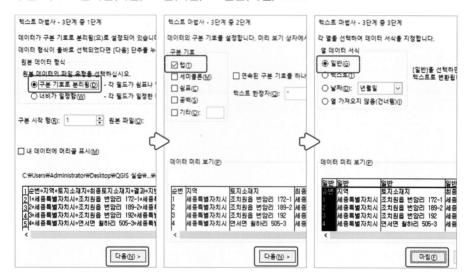

*.csv파일로 저장하면 아래와 같이 지오코딩 결과가 저장되며, XY좌표가 생성된 것을 확인할 수 있다.

(4) 기준점 분석

기준점과 사업지구 조서의 지오코딩 정보를 불러온다.

❶ 구분자로 분리된 텍스트레이어 추가 Click → ❷ 파일선택(기준점 점좌표.csv) → ❸ 인코딩 : EUC – KR, 첫번째 레코드를 필드 이름으로 Check, 포인트 좌표[X 필드 : Y좌표, Y 필드 : X좌표], 도형 좌표계 : EPSG:5186 → ❹ 추가 – 닫기 Click

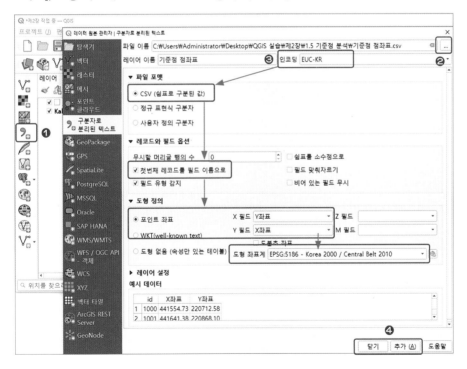

❺ 구분자로 분리된 텍스트레이어 추가 Click → ❻ 파일선택(geocoding_20211206_14h36m41s.csv) → ❼ 인코딩 : EUC – KR, 첫번째 레코드를 필드 이름으로 Check, 포인트 좌표[X 필드 : y, Y 필드 : x], 도형 좌표계 : EPSG:5174 → ❽ 추가 – 닫기 Click

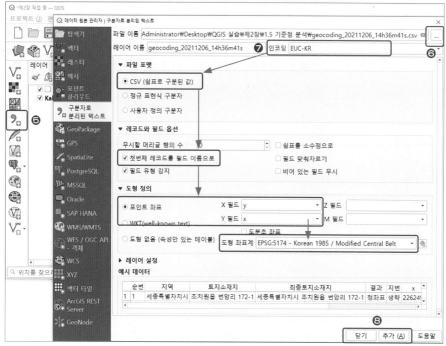

Tip biz-gis의 X-Ray Map for Web에서 지오코딩한 데이터는 EPSG:5174좌표로 설정되며, X좌표와 Y좌표를 세계표준으로 작성한다. 즉 X필드에 x, Y필드에 y를 그대로 선택하면 된다.

❾ 벡터 – 지리 정보 처리 도구 – 버퍼 → ❿ 실행 – 닫기 Click

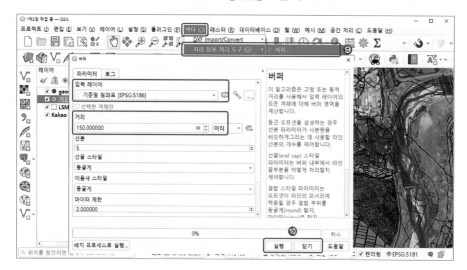

Tip◆ • 입력 레이어 : 기준점 점좌표
• 거리 : 150미터
• 기준점으로부터 150미터 이내를 측량이 가능하다는 가정하에 150미터 이내에 위치한 토지를
선별하고 현재 기준점으로 측량이 어려운 필지를 추출하여 기준점 신설계획을 수립한다.

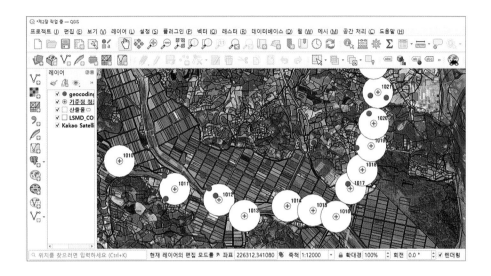

심볼, 라벨을 편집한다.

기존의 기준점과 위성영상을 고려하여 기준점 간 폐합도선(결합트래버스)을 설계한다. 해
당 자료에 기초하여 현장답사를 통해 최종 신설노선을 결정하고 측량을 실시한다.

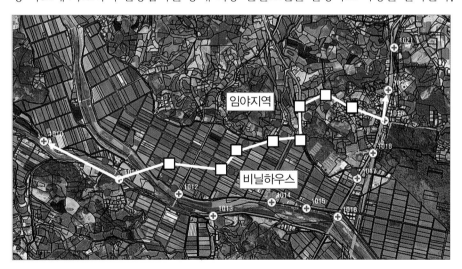

6) 시각화를 통한 기준점현황 분석

기준점의 분포현황을 분석하여 기준점을 신설할 지역을 선정한다고 가정하자. 이를 시각적으로 표현하고 싶다면 단순히 기준점의 위치만 표현하는 것보다는 기준점 간의 위치를 연결하는 델로네삼각분할(TIN구성과 동일)과 기준점과 기준점 간의 영역을 분할하는 보로노이폴리곤방법을 적용할 수 있다. 이는 부동산 상권분석에서도 자주 사용되는 기법으로, 상가점포 정보를 이용하여 분석하거나 지하철역, 버스정류장 등 교통시설을 중심으로 수혜지역을 분석하는 데에도 많이 활용되고 있다.

❶ 웹 – TMS for Korea – Kakao Maps – Kakao Satellite Click → ❷ 하단 좌표계 EPSG:5186 설정

❸ 벡터레이어 추가 아이콘 Click → 기준점_세종.shp 입력

❹ 벡터 – 도형 도구 – 델로네 삼각분할 Click

❺ 입력 레이어 : 기준점_세종 – 실행 Click

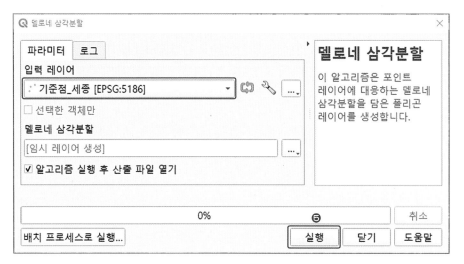

❻ 벡터 – 도형 도구 – 보로노이 폴리곤 Click

❼ 입력 레이어 : 기준점_세종 – 실행 Click

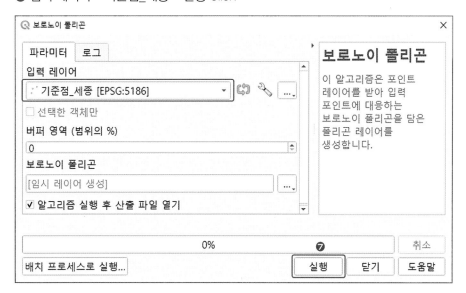

산출된 레이어 – 속성 설정[심볼 탭 – 심볼레이어 타입 : 외곽선 단순라인 등 설정]

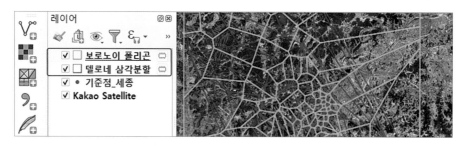

▼ 보로노이폴리곤에 의한 분석결과

▼ 델로네삼각분할에 의한 분석결과

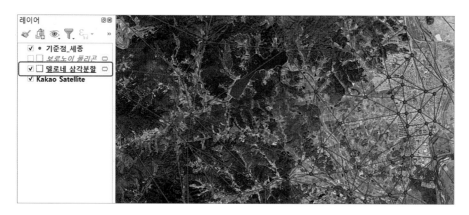

보로노이폴리곤과 델로네삼각분할에 의한 분석결과를 시각화하면 조치원읍에는 기준점
이 많지만 좌측부분은 기준점이 적어 보인다. 특히 A부분(파란색 원)은 기준점이 거의 없
는 것으로 보이는데, 해당 지역은 산과 호수가 있기 때문에 기준점의 수요가 상대적으로
적을 것으로 예상된다. 반면 B부분(흰색 원)은 기준점이 적지만 평야지이며, 도심지에서
많이 떨어져 있지 않아 기준점의 수요가 많을 것으로 예상되어 추가적인 설치가 필요하다
고 판단된다.

02 기준점 관리

1) 스마트폰 App을 활용한 기준점 관리

기준점의 위치를 도면으로 출력하여 현장을 찾아갈 수도 있겠지만 스마트폰 App을 이용하여 현장위치를 찾거나 현장의 경로를 작성해 놓는다면 현재 작업자뿐만 아니라 신규 작업자도 사용이 편리할 것이다. 이는 측량자의 기준점 관리, 토지개발 시 보상 객체 확인, 가스 등 관로 관리자의 관로 관리 등 다양한 분야에 활용이 가능할 것이다. 이러한 업무에 무료로 활용이 가능한 위치정보 App "산길샘"을 소개한다.

(1) 산길샘 App 설치 및 실행

Google Play Store에서 "산길샘"을 검색하여 무료버전 설치(단, iOS체계의 App Store에서는 지원하지 않음)

❶ "산길샘" 앱 실행 → 현재 위치 찾기 → 기록 시작 → 경로 이동

Tip◆ 스마트 폰의 GPS기능은 반드시 켜 두어야 함

❷ 목적지에 도착하면 "기록 마침" Click

트랙 리스트에서 작업자가 저장한 트랙이 기록된 것을 확인할 수 있다. 트랙자료는 추후에 해당 경로를 다시 찾을 때 혹은 현장을 잘 모르는 기술자에게 쉽게 경로를 찾아갈 수 있도록 공유하여 활용할 수 있다.

❸ 해당 트랙을 길게 눌러 메뉴가 나오면 내보내기 Click → 메일송부

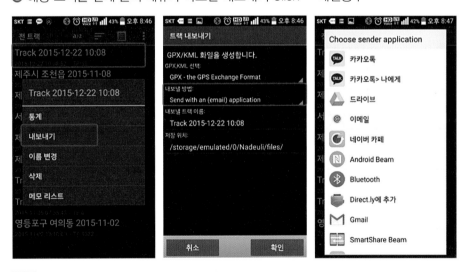

Tip ◆ 내보내는 방법 : Send with an (email) application

(2) QGIS에 레이어 추가

산길샘 App으로 만들어진 경로파일을 QGIS의 레이어에 추가해 보자. 작업순서는 Kakao위
성영상 배경에 GPX파일을 추가한다. GPX파일 추가를 위해서는 "GPX Segment Import" 플
러그인을 추가해야 한다.

❶ 웹 – TMS for Korea – Kakao Maps – Kakao Satellite Click
❷ 플러그인 – 플러그인 관리 및 설치 → ❸ 'GPS' 검색 – GPX Segment Import 선택 →
❹ 설치 – 닫기 Click

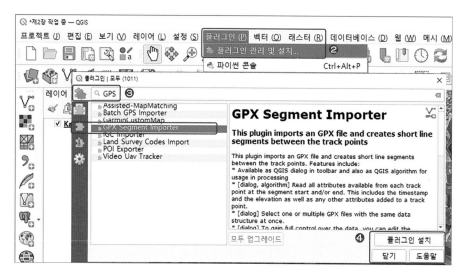

❺ 벡터 – GPS Segment Tools – GPX Segment Importer 또는 아이콘 클릭 → ❻ GPX파일
선택(U0292 – 경로.gpx) → ❼ 확인 Click

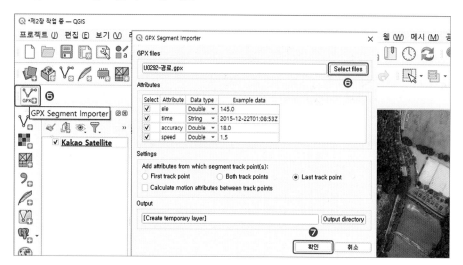

아래와 같은 결과를 확인할 수 있다.

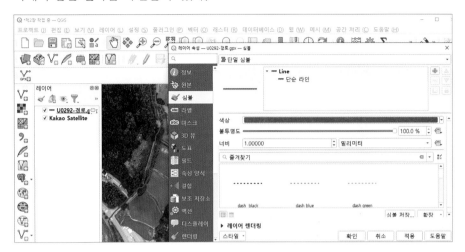

CHAPTER 02 · 현장 활용 | 103

(3) 기준점 위치를 산길샘 App에 활용하기

국가기준점의 위치나 가스관로 위치정보를 산길샘 App에 넣으면 현장에서 그 위치를 쉽게
찾아갈 수 있을 것이다. 산길샘 App 외에도 제4장에서 소개하는 QField App은 산길샘보다
더 효율적으로 관리할 수 있다. 그러나 현장트레킹 정보의 취득은 산길샘 App이 효과적이
니 두 개의 App을 목적에 따라 적절히 활용하는 것이 좋을 것이다.

기준점의 위치를 산길샘 App에 넣어 보도록 하자.

❶ 구분자로 분리된 텍스트레이어 추가 Click → ❷ 파일 선택(기준점 점좌표.csv) – 인코딩 :
EUC – KR, 첫번째 레코드를 필드 이름으로 Check, 포인트 좌표 : [X 필드 : Y좌표, Y 필드 :
X좌표], 도형 좌표계 : EPSG:5186 → ❸ 추가 – 닫기 Click

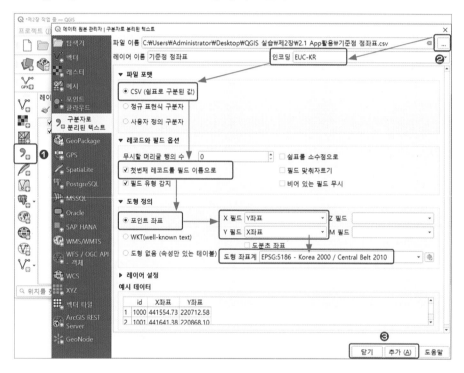

❹ 해당 레이어 마우스 우클릭 – 내보내기 – 객체를 다른 이름으로 저장 Click

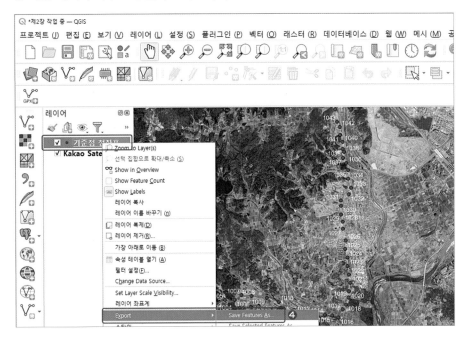

❺ GPX파일 저장경로 지정 – 옵션 설정(좌표계, 도형, 데이터소스 옵션 등) → ❻ 확인 Click

- 좌표계 : WGS84좌표계인
  EPSG : 4326 선택
- 지도에 저장된 파일 추가 체크
- 도형 유형 : Point
- GPX_USE_EXTENSIONS : YES

Tip◆ 좌표계를 WGS84로 선택하는 이유는 산길샘, 네비게이션 등의 지도는 전국을 하나의 좌표계로 표현하기 때문에 WGS84좌표계와 같이 경위도형태로 표현하는 것이 편리하다.

❼ 산길샘 App을 실행하여 오른쪽 상단 ⋮ Click – 트랙 리스트 Click → ❽ 오른쪽 상단 ⋮ Click – 가져오기 Click → ❾ GPX파일 선택 – 오른쪽 상단 ✓ Click

❿ 트랙 리스트 Click → 화면과 같이 기준점이 화면상에 표시됨 → ⓫ 상단 ⊙ Click – 웨이포인트 근접 알림 Check(기준점 근처 접근 시 알람 기능)

Tip◆ 산길샘 App은 기준점의 ID가 표시되지 않는 것이 아쉽다.

2) 행정구역별 기준점 수량 산정

행정구역 내 몇 점의 기준점이 있는지 확인해 보기로 하자. 이 방법은 기준점뿐만 아니라 토지보상을 위한 일정한 구역 내 지장물의 수량 또는 가스관로 관리 등을 위한 부속시설물의 수량 등을 간편하게 파악할 수 있다.

(1) 기준점 수량계산

국가공간정보포털에 접속하여 행정구역경계를 다운 받아 보자.

국가공간정보포털에 접속하여 검색창에 "행정구역"을 검색하여 원하는 지역의 자료를 다운 받는다.

❶ 실습파일은 오픈마켓 → [국토교통부]행정구역_리(법정동) Click → LSMD_ADM_SECT_RI_세종.zip 다운로드 Click

❷ 웹 – TMS for Korea – Kakao Maps – Kakao Satellite Click

❸ 벡터레이어 추가 아이콘 Click → ❹ 행정구역 도면 선택 →

❺ 추가 – 닫기 Click(EPSG:5179)

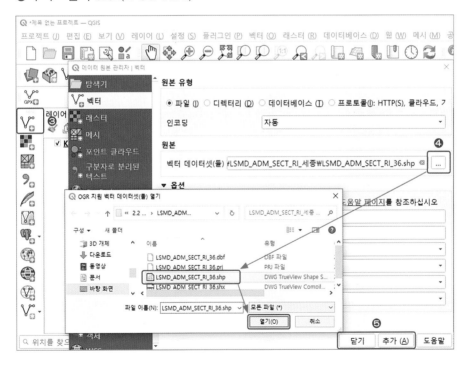

❻ 해당 레이어 마우스 우클릭 – 속성 Click → ❼ 심볼 탭 Click – 심볼 레이어 : 외곽선 : 단순 라인 – 선 굵기, 색상 등 조정 → ❽ 라벨 탭 Click – 단일 라벨 – 라벨필드 : RI_NM – 글꼴, 색상 등 조정 → ❾ 적용 – 확인 Click

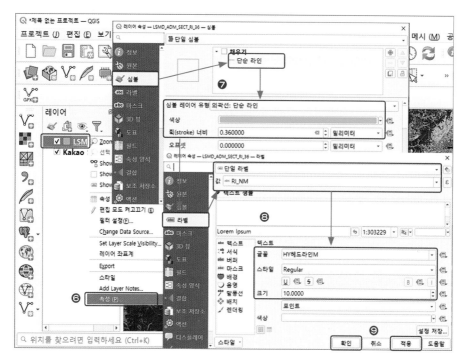

❿ 구분자로 분리된 텍스트레이어 추가 Click → ⓫ 파일 선택(기준점 점좌표.csv) – CSV Check, 첫번째 레코드를 필드 이름으로 Check, 포인트 좌표 : [X 필드 : Y좌표, Y 필드 : X좌표], 도형 좌표계 : EPSG:5186 → ⓬ 추가 – 닫기 Click

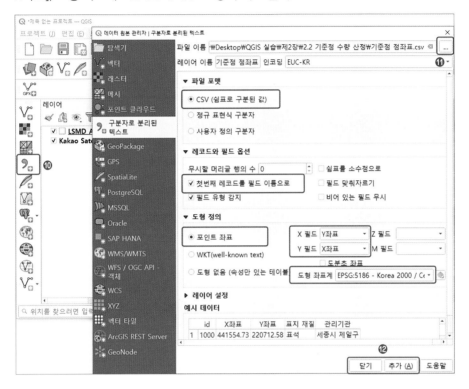

⓭ 벡터 – 분석 도구 – 폴리곤에 포함하는 포인트 개수 계산 Click하여 포인트 개수를 분석 실행

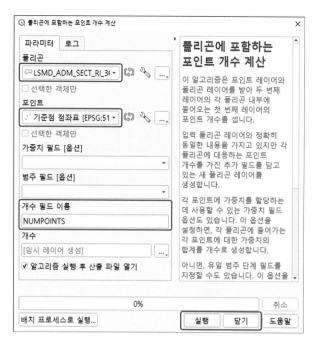

- 폴리곤 : 행정구역 도면레이어
- 포인트 : 기준점 레이어
- 개수 필드 이름 : 계산결과를 저장할 필드 이름으로 사용자가 지정할 수 있음

⑭ 결과레이어 마우스 우클릭 → 속성 테이블 열기 Click → NUMPOINTS 필드에 기준점 수량이 기재되어 있으므로 행정구역별 수량 확인 가능

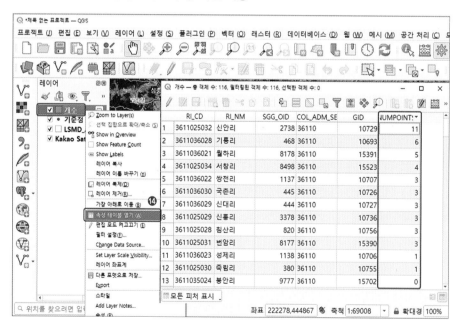

Tip◆ 1. ⑬ 벡터 분석이 실행되지 않는 경우

기준점이 존재하지 않는 행정구역에 폴리곤이 있는 경우 더이상 분석이 되지 않을 수 있다. 이러한 경우 유효하지 않은 객체를 필터링하여 무시하도록 하여야 한다. 데이터의 무결성이 중요하지 않은 경우에는 이와 같이 필터링하여 분석할 필요가 있다.

공간 처리–툴박스 또는 툴박스 아이콘 Click → 옵션 → 유효하지 않은 객체 필터링 → 유효하지 않은 도형을 가진 객체 건너뛰기(무시) → 확인 Click

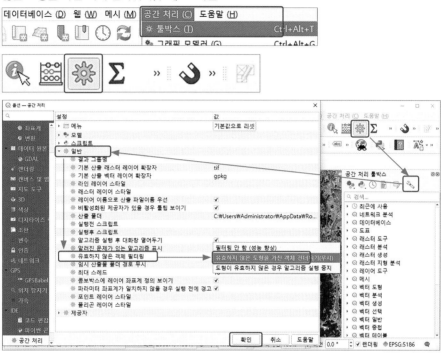

Tip◆ 2. 분석결과 정위치 및 시각화

분석을 완료하였으나 분석결과가 보이지 않는 경우가 있다. 분석결과레이어–속성–원본 탭–좌표계를 확인하면, 좌표계가 정상적으로 설정되지 않았기 때문이다. 다음과 같이 행정구역 데이터 좌표파일(LSMD_ADM_SECT_RI_36.prj)을 메모장으로 열어본 결과 EPSG:5179인 것을 확인할 수 있다. 따라서 분석결과좌표를 EPSG:5179로 설정하면 된다.

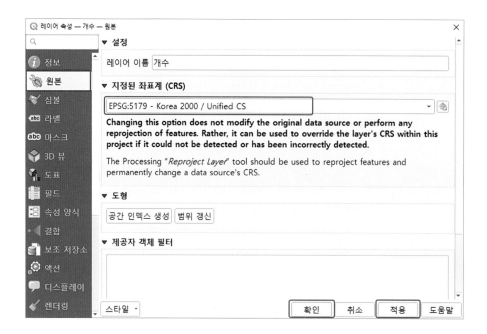

결과레이어의 속성 – 심볼 탭에서 "분류값 사용"을 이용하여 수량별로 시각화할 수 있다.

(2) 행정구역별 표지재질 개수 계산

기준점의 표지재질이 다른 경우 행정구역별로 표지재질의 개수를 계산해 보기로 하자. 통계를 위해서는 Group Stats라는 플러그인을 활용해야 한다. 앞서 진행한 프로젝트를 이어서 실습해 보자.

❶ 플러그인 – 플러그인 관리 및 설치 → ❷ Group Stats 검색 → ❸ 플러그인 설치 – 닫기 Click

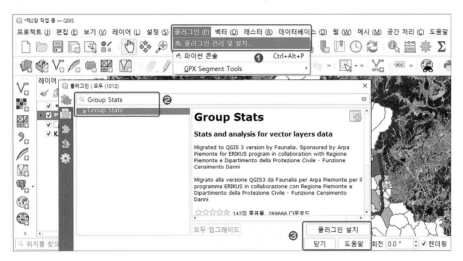

❹ 벡터 – 데이터 관리 도구 – 위치에 따라 속성 결합 Click

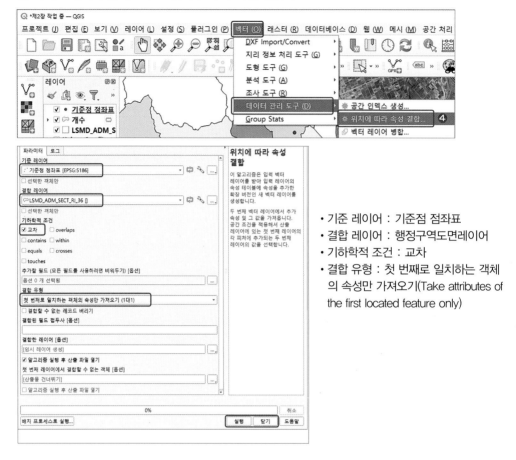

- 기준 레이어 : 기준점 점좌표
- 결합 레이어 : 행정구역도면레이어
- 기하학적 조건 : 교차
- 결합 유형 : 첫 번째로 일치하는 객체
  의 속성만 가져오기(Take attributes of
  the first located feature only)

❺ 벡터 – Group Stats – GroupStats Click

❻ 결합한 레이어 선택 → ❼ Rows : 표지 재질, RI_NM(행정구역 명칭) / Columns : count /
Value : 표지 재질 → ❽ Calculate Click → ❾ Data − Save all to CSV file Click(결과파일 저장)

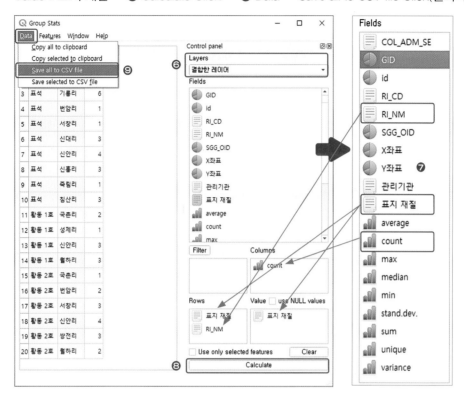

3) 기준점조서 작성(지번 추출)

기준점을 설치한 후 해당 기준점의 조서를 작성하기 위해서는 기준점의 토지소재를 알아야 하는데, 연속지적도상에 기준점을 전개한 후 도형 교차를 통해 기준점ID에 연속지적도의 속성을 결합한다. 결합된 속성에는 19자리 PNU가 있으므로 10의 앞자리를 행정구역 명칭으로 변환하고, 지번 및 지목을 붙이면 토지소재를 만들 수 있다. 이때 행정구역 명칭을 정확히 추출하기 위해서는 "법정코드목록"을 다운 받아야 한다. 우선 행정표준코드관리시스템에 접속하여 법정코드목록을 다운 받아 보자.

❶ 행정표준코드관리시스템에 접속 → 코드검색 – 법정동 입력 – 검색하기 Click

❷ 법정동 코드 전체자료 Click 다운로드

국가공간정보포털에 접속한 후 검색창에 "연속지적도"를 검색하여 세종특별자치시 연속지적도를 다운 받아 보자.(오픈마켓 → 오픈마켓 더보기 Click → 연속지적도_세종 Click 다운로드)

(1) 속성결합

❶ 웹 – TMS for Korea – Kakao Maps – Kakao Satellite Click

❷ 벡터레이어 추가 아이콘 Click – 연속지적도 추가 Click

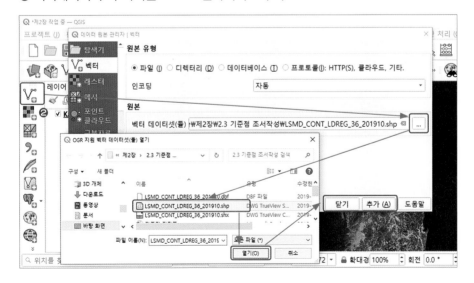

❸ 해당 레이어 마우스 우클릭 – 속성 Click – 원본 탭 – 좌표계 : EPSG:5174 선택

❹ 구분자로 분리된 텍스트레이어 추가 아이콘 Click – 파일 선택(기준점 점좌표.csv) – 옵션
설정(좌표계 : EPSG:5186) – 추가 – 닫기 Click

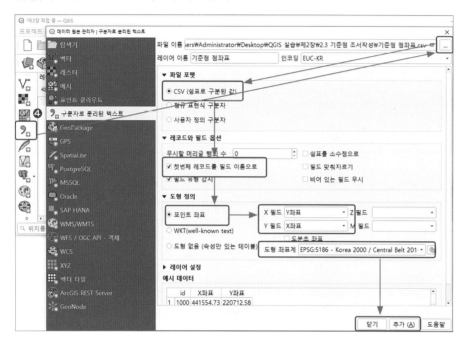

❺ 벡터 – 지리 정보 처리 도구 – 교차 영역 Click

❻ 교차 영역 실행

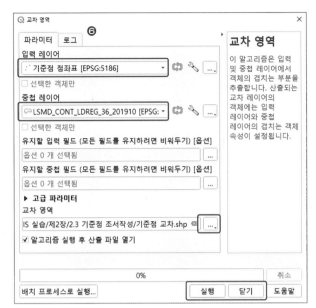

• 입력 레이어 : 기준점 점좌표레이어
• 중첩 레이어 : 연속지적도레이어
• 저장경로 지정

Tip◆ 교차 영역이 실행되지 않는 경우
공간처리−툴박스 또는 툴박스 아이콘 Click → 옵션 → 유효하지 않은 객체 필터링 → 유효하지
않은 도형 객체 무시 선택 → 확인 Click

❼ 교차 영역레이어 마우스 우클릭 → 속성 테이블 열기를 통해 결합된 속성을 확인(기준점 좌표
옆에 PNU 등 연속지적도 필드가 있음)

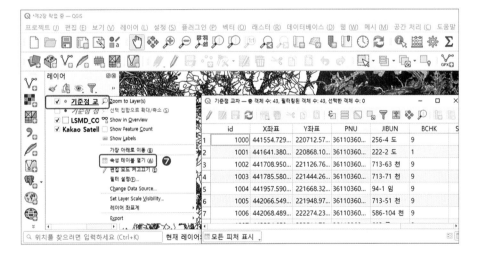

Tip◆ 속성 테이블의 한글이 깨져 보이는 경우

아래와 같이 한글이 깨지는 것은 인코딩이 잘못되었기 때문이다. 속성에서 인코딩을 변경하면
해결된다.(Windows949 등 잘못 지정된 인코딩값을 UTF-8로 변경)

레이어 마우스 우클릭-속성 Click-원본 탭-데이터 원본 인코딩 : UTF-8-적용/확인 Click

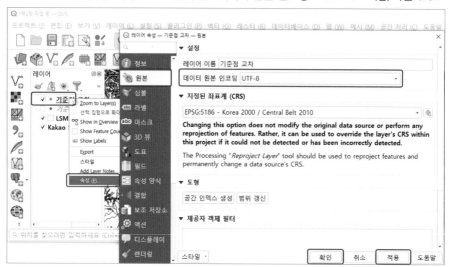

(2) 토지소재 추출

❶ 교차 영역레이어 마우스 우클릭 – 내보내기 – 객체를 다른 이름으로 저장 → ❷ 포맷 : CSV,
파일명 : 기준점_지적도_교차, 좌표계 : EPSG:5186, 인코딩 : EUC – KR – 확인 Click

❸ PNU 셀값 선택 → 마우스 우클릭 → 셀 서식 → 표시 형식 : 숫자 : –1234 → 확인 Click

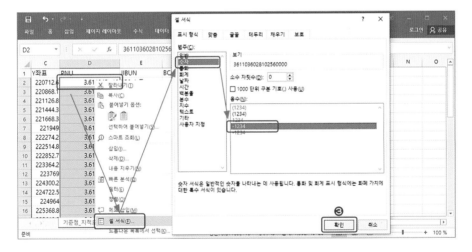

❹ 빈 셀(K2셀) 선택 → 함수 마법사 Click → 범주 선택 : 텍스트 – LEFT 선택 → 확인 Click → Text : D2(PNU셀), Num_chars : 10 → 확인 Click

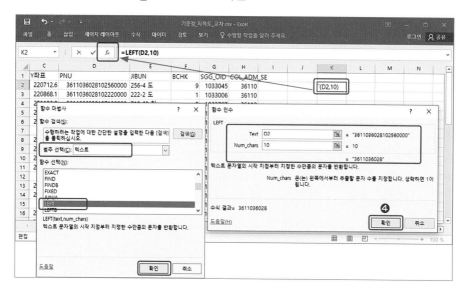

Tip◆ PNU코드는 19자리로 구성되어 있으며, 시도_시군구_읍면리동은 10자리까지를 이용해야 하므로 Num_chars는 "10"으로 설정한다.

❺ K열(LEFT 계산) 내용 복사 → ❻ L열에 붙여 넣기(옵션 : 값) → ❼ 오류느낌표 아이콘 Click → 숫자로 변환 Click → 새 Sheet Click

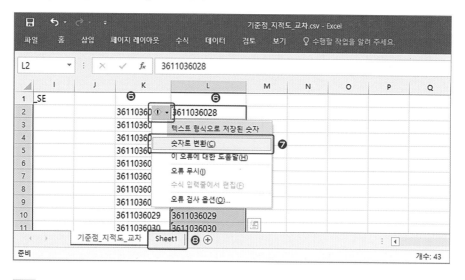

Tip◆ LEFT함수로 계산된 값이 숫자로 인식되도록 하여야 함

❽ 행정표준코드관리시스템에서 다운로드 한 법정코드목록을 새 Sheet(이름 : 법정코드)에 넣고
필요한 사항(셀서식 등) 정리

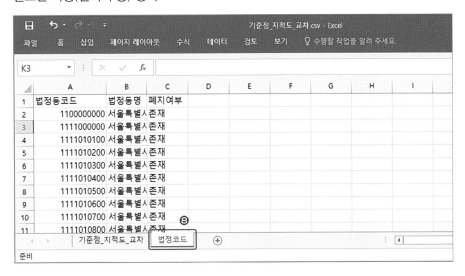

❾ 빈 셀(M2셀) 선택 → 함수 마법사 Click → 찾기/참조 영역 : VLOOKUP 선택 → 확인 Click
→ Lookup_value : L2, Table_array : 법정코드!A:B, Col_index_num : 2, Range_lookup :
True → 확인 Click

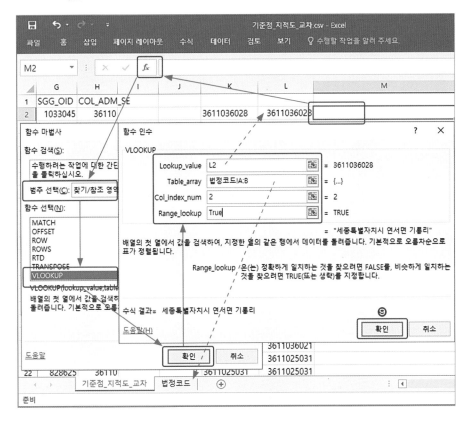

❿ 빈 셀(N2셀) 선택 → 함수 마법사 Click → 범주 선택 : 텍스트 – CONCATENATE 선택 → 확인 Click → Text1 : M2, Text2 : 공백(Space Bar), Text3 : E2(지번셀) → 확인 Click

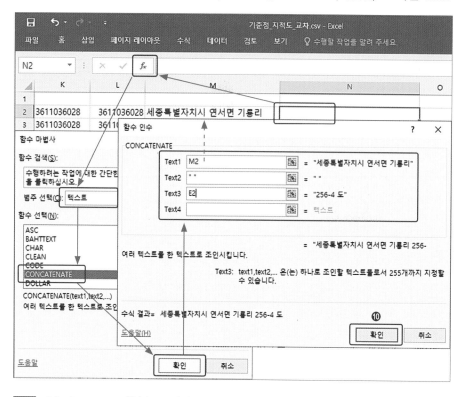

Tip ◇ CONCATENATE 함수는 문자와 문자를 연결한다.

결과화면과 같이 기준점별 토지 소재조서가 작성되었다.

	K	L	M	N	P
1				토지 소재지	
2	3611036028	3611036028 세종특별자치시 연서면 기룡리	세종특별자치시 연서면 기룡리	세종특별자치시 연서면 기룡리 256-4 도	
3	3611036028	3611036028 세종특별자치시 연서면 기룡리	세종특별자치시 연서면 기룡리	세종특별자치시 연서면 기룡리 222-2 도	
4	3611036028	3611036028 세종특별자치시 연서면 기룡리	세종특별자치시 연서면 기룡리	세종특별자치시 연서면 기룡리 713-63 천	
5	3611036028	3611036028 세종특별자치시 연서면 기룡리	세종특별자치시 연서면 기룡리	세종특별자치시 연서면 기룡리 713-71 천	
6	3611036028	3611036028 세종특별자치시 연서면 기룡리	세종특별자치시 연서면 기룡리	세종특별자치시 연서면 기룡리 94-1 임	

상기 예제는 기준점으로 실시하였지만 전주, 나무 등 토지보상업무, 관로 관리업무, 지적조사업무 등 다양한 분야에 적용이 가능하다.

Tip◆ 지번 뒤에 지목 없애기

❿에서 토지 소재지에 지목이 붙어 있다. 지목을 없애기 위해서 다양한 함수를 사용할 수 있다. 지번과 지목 사이에 공백이 하나 있으므로 이를 기준으로 제거한다면 ⑴ FIND함수로 지번셀에서 공백을 찾고, ⑵ MID함수로 ⑴에서 찾은 공백 위치를 하나 빼 주면 지번만을 표현할 수 있다. 함수 창에 바로 수식을 입력하거나 함수마법사를 이용해도 된다.

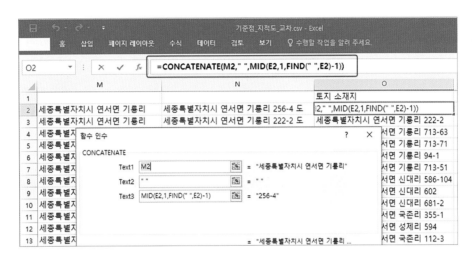

4) 행정구역의 중심점 경위도좌표 구하기

행정구역의 중심점에 대한 경위도좌표를 산출하여야 하는 경우가 가끔 발생한다. 벡터 도구를 이용하여 행정구역의 중심점과 경위도좌표를 만들 수 있다. 다만, 경위도좌표가 도, 분, 초 형태로 만들어지지 않기 때문에 별도의 필드계산을 이용하여 작성해 보도록 하자.

❶ 실습파일은 국가공간정보포털 → 오픈마켓 → [국토교통부]행정구역_리(법정동) Click → LSMD_ADM_SECT_RI_세종.zip 다운로드 Click

❷ 웹 – TMS for Korea – Kakao Maps – Kakao Satellite Click

❸ 벡터레이어 추가 아이콘 Click – 행정구역 도면 선택 – 추가 – 닫기 Click(EPSG:5179)

❹ 벡터 – 도형 도구 – 중심점 Click → ❺ 옵션 설정(입력 레이어 : 행정구역레이어, 중심점 : 행정구역중심.shp) – 실행 – 닫기 Click

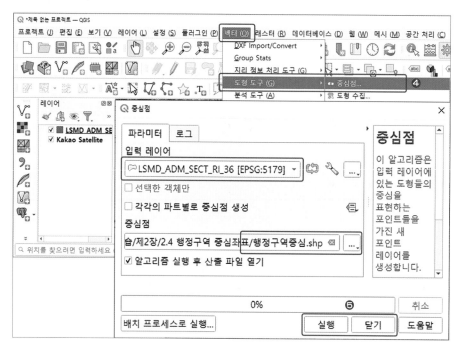

❻ 툴박스 Click – 벡터 테이블 – X/Y 필드를 레이어에 추가 Click → ❼ 옵션 설정(입력 레이어 :
행정구역중심, 행정구역중심_경위도.shp) – 실행 – 닫기 Click

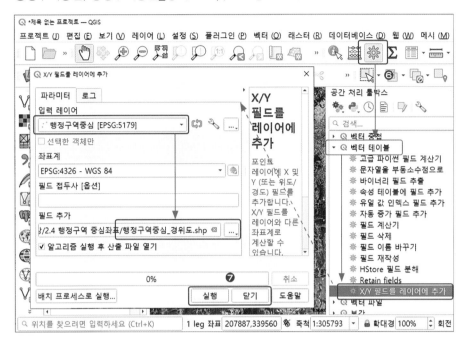

❽ 행정구역중심_경위도레이어 마우스 우클릭 – 속성 테이블 열기 Click → ❾ 필드계산기 Click

속성테이블의 x, y필드를 확인하면 도, 분, 초 형식으로 표현되지 않고 있다.

⑩ 필드계산기를 이용하여 위도, 경도의 도, 분, 초 형식 좌표 계산

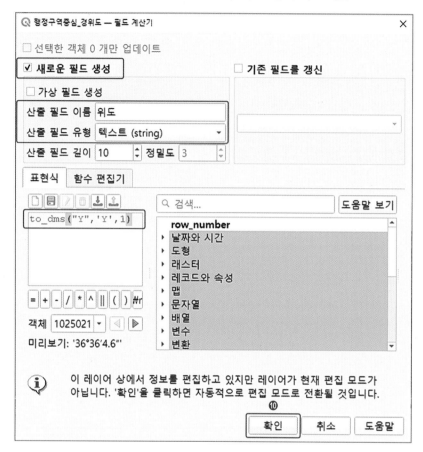

산출필드 이름	유형	표현식
위도	텍스트	to_dms("Y",'Y',1)
경도	텍스트	to_dms("X",'X',1)

결과화면과 같이 도, 분, 초 형태로 표현된다.

	SGG_OID	COL_ADM_SE	GID	x	y	위도	경도
1	389	36110	10768	127.29839...	36.604684...	36°36′16.9	127°17′54.
2	2418	36110	10769	127.30352...	36.602327...	36°36′8.4″	127°18′12.
3	375	36110	10771	127.28565...	36.454830...	36°27′17.4	127°17′8.4
4	374	36110	10772	127.28153...	36.463989...	36°27′50.4	127°16′53.
5	373	36110	10773	127.36726...	36.501751...	36°30′6.3″	127°22′2.1
6	372	36110	10774	127.39739...	36.499400...	36°29′57.8	127°23′50.
7	371	36110	10776	127.39123	36.510652	36°30′38.3	127°23′28

결과화면

심_경위도 — 총 객체 수: 113, 필터링된 객체 수: 113, 선택한 객체 수: 0

abc RI_CD = ε abc 모두 갱신 선택 항목 업데이트

모든 피처 표시

스 마 트 한 Q G I S 활 용 서

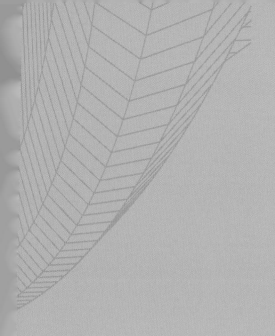

도면분석

CHAPTER

03

도면분석

이 장에서는 종이도면 또는 항공영상의 중첩기능, 등고선을 이용한 DEM추출, 토지개발사업 등의 편입필지 추출 등 도면의 다양한 활용방법을 알아보기로 하자.

01 중첩 기능

1) 종이도면 중첩

우리는 간혹 오래된 종이도면의 현재 위치를 파악하고 싶거나 축척과 상관없이 그려진 설계도면을 지형도 또는 지적도에 맞춰 도면으로 표현해야 하는 경우가 있다. 이를 위해서 이용 가능한 방법 중 하나로 중첩 기능이 있다. 중첩 기능은 3.22 이전 버전에서는 "GDAL 지리참조자"라는 별도의 플러그인을 설치하여야 했으나 현재 버전에서는 기본 기능으로 "메뉴 – 래스터 – 지리참조자" 기능을 사용하면 된다.

QGIS는 버전이 바뀌면서 기존 메뉴에서 사라지는 경우도 가끔 보이는데, 이러한 경우 당황하지 말고, 플러그인 또는 툴박스에 그 기능이 있으니 찾아서 활용하면 된다.

실습파일은 국가공간정보포털 → "연속지적도" 검색 → 오픈마켓 → 연속지적도_부산_동구, 부산_중구, 부산_서구를 다운 받는다. 또한 1920년대 부산 지형도를 다운받는다(첨부파일 다운로드 또는 국토지리정보원에 요청).

(1) 데이터 다운 및 좌표계 설정

❶ 국가공간정보포털에서 연속지적도 다운

❷ 메뉴 – 웹 – TMS for Korea – Kakao Maps – Kakao Satellite Click

❸ 우측 하단 현재 좌표계 Click → ❹ "5187" 검색 – EPSG:5187 선택(부산은 세계측지계 동부 지역임) → ❺ 확인 Click

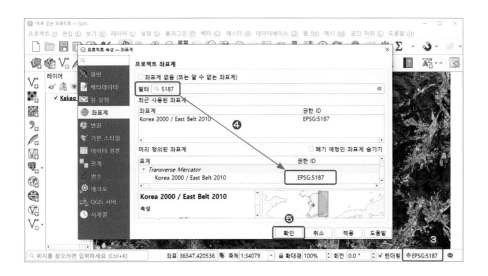

(2) GCP점좌표 추출

실습으로 사용하는 지형도는 1924년(大正 23년)에 제작된 것으로, 현재의 지형과 상당한 차이가 있을 것으로 예상된다. 따라서 지형도와 Daum 또는 Naver지도를 동시에 띄워 놓고 확대/축소를 하면서 대략적인 위치를 사전에 파악해야 한다. 정확한 위치를 판단하기는 어렵지만 다음 그림과 같이 해당 지역을 넓게 포함하는 4점을 선정하였다. 이를 GCP점(Ground Control Point)이라 하며, 항공사진, 정사영상 제작 등에 있어서 현장의 위치를 측정하여 영상과 일치시키는 방법에 사용한다. 여기에서는 위성영상에서 대략적으로 좌표를 추출하고 맞춰 보기로 하자. 이때 추출되는 좌표는 현재 좌표계를 EPSG:5187로 설정하였으므로 "세계측지계 동부원점"기준이다.

과거 영상 또는 지적도 등을 중첩하는 경우 우선 도로 형태, 건물의 위치 등을 살펴 대략적인 위치를 찾아내고 좀더 정확한 GCP점을 결정하도록 노력하는 것이 좋다. 과거의 도로가 현재에도 동일하게 존재한다면 좋겠지만 노선이 변경되거나 확장되는 경우도 발생할 수 있기 때문에 도로를 기준으로 GCP점을 결정하는 것은 바람직하지 않다. 오히려 도로 인근에 명확히 구별되는 랜드마크(건물, 동상 등)를 활용하는 것이 좋다. 또한 해당 예제와 같이 부산의 경우 바다가 인접하여 있기 때문에 항만시설 등 명확한 구조물을 확인할 수 있지만, 간척사업 등으로 구조물의 위치가 바뀌는 경우도 존재하므로 면밀히 살펴봐야 한다. 아울러 도면의 중첩에 있어 한쪽으로 치우치지 않도록 전체적으로 배분되게 GCP점을 결정하여야 중첩성과가 좋아진다.

해당 도면의 경우 100년에 가까운 시간적 차이를 보이고 있기 때문에 과거에 존재하던 건물 등을 거의 찾아보기 힘든 상황이다. 따라서 주로 도로 위주로 선정할 수 밖에 없었으며, GCP.01점의 경우 도면의 전체적인 배치상 꼭 필요한 지점임에도 불구하고 100여 년 전에는 대부분 농경지 또는 미개간지 등이었을 것으로 판단되는 지역으로, 불가피하게 선정하였다. 예제지형도보다 최근의 지형도를 이용하면 중첩작업이 좀더 편리할 것이다.

해당 지역의 중앙에 위치한 산은 부산 중구 영주동에 위치한 "보수산"이다. 이 위치를 생각하여 본 교재에서 지정한 지역 이외에 더욱 명확한 GCP점이 있다면 해당 지점의 위치좌표를 취득하여 실습해 보거나 보다 많은 점(5~6점)을 이용해 보는 등 다양한 실습을 하기 바란다.

[GCP점 위치도]

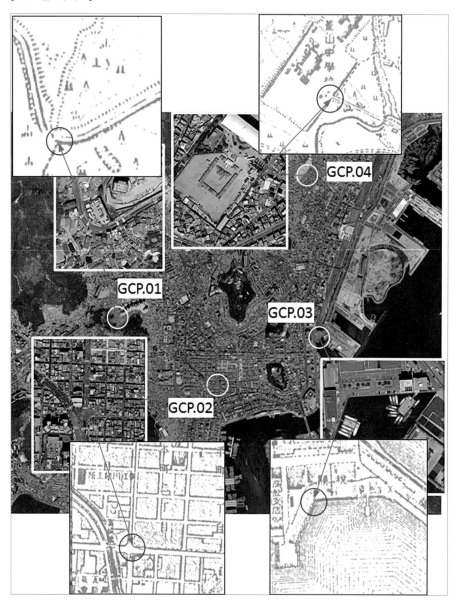

❶ 레이어 – 레이어 생성 – 새 Shapefile레이어 Click → ❷ 저장경로 및 좌표계 설정 → ❸ 확인
Click

• 파일 이름 : GCP 점 좌표.shp
• 파일 인코딩 : EUC–KR
• 도형 유형 : 포인트
• 좌표계 : EPSG:5187

❹ GCP점좌표레이어 선택 – 편집모드 켜기 – 포인트 객체 추가 → ❺ 영상에서 GCP점 선택 – 확인 Click

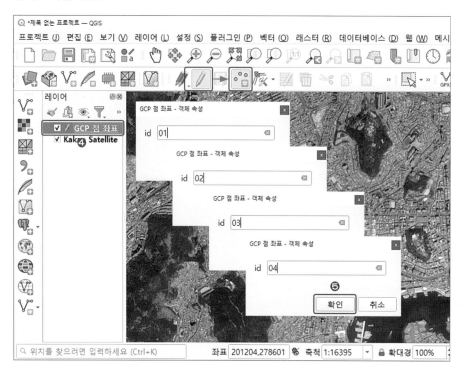

아래와 같이 선택한다.

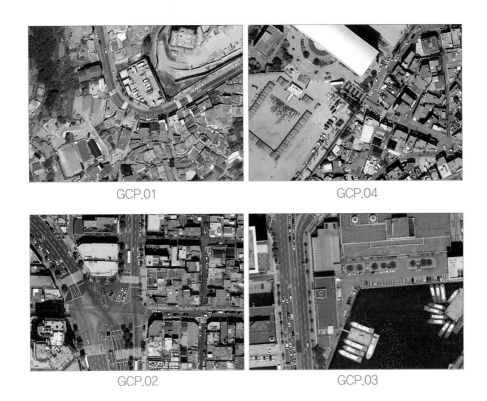

GCP.01

GCP.04

GCP.02

GCP.03

GCP점 01~04점을 선택하면 각 점별로 위치가 추출되지만 X, Y좌표값필드가 없으므로 좌표값을 알 수 없다.

❻ GCP점좌표레이어 마우스 우클릭 – 속성 테이블 열기 → ❼ 필드계산기 열기( ) Click

❽ 새로운 필드 생성 Check – 설정 – 도형 – $y 더블클릭 → ❾ 확인 Click

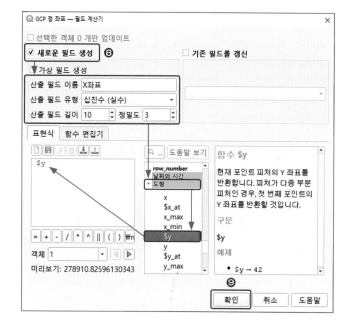

• 산출 필드 이름 : X좌표
• 산출 필드 유형 : 십진수
• 도형 : $y

❿ 필드계산기 열기(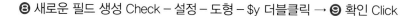) Click → ⓫ 새로운 필드 생성 Check – 설정 – 도형 – $x 더블클릭 →
⓬ 확인 Click

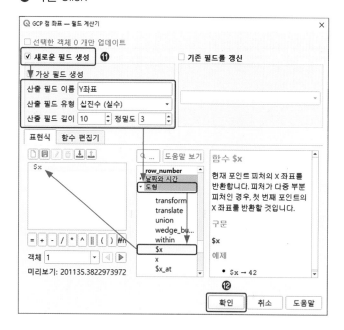

• 산출 필드 이름 : Y좌표
• 산출 필드 유형 : 십진수
• 도형 : $x

Tip◆ 아래와 같은 결과화면이 나타나면 저장하고 편집모드 켜고끄기를 클릭한다.(1~4점의 X, Y 점좌표값을 확인할 수 있다)

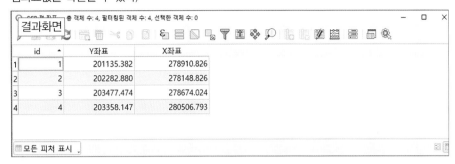

(3) 지오레퍼런스 실행

❶ 래스터 – 지리참조자 Click

❷ 래스터 열기 Click[1924년 부산항 일대 지형도 입력(좌표계 EPSG:5187)] → ❸ 지형도상에 GCP점 Click → ❹ GCP점좌표 테이블의 1번 좌표 입력 – 확인 Click(GCP 2~4번도 동일하게 작업)

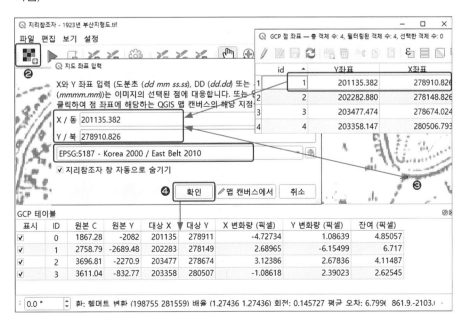

❺ 변환 설정 Click → ❻ 변환 유형 : 헬머트, 리샘플링 방법 : 최근접 이웃, 대상 공간 참조 시스템 : EPSG:5187, 산출 래스터 : 경로지정, 완료 후 QGIS로 불러오기 Check → ❼ 확인 Click → ❽ 지오레퍼런싱 시작 Click

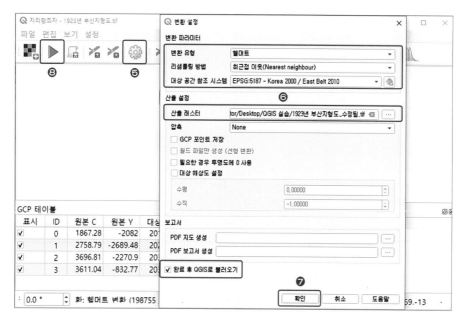

❾ 벡터레이어 추가 아이콘 Click → ❿ 연속지적도 선택(부산_동구, 부산_중구, 부산_서구) →
⓫ 추가 – 닫기 Click(좌표계 EPSG:5174)

속성 설정–단순채우기 ⇒ 외곽선 : 단순라인, 색상 등 변경

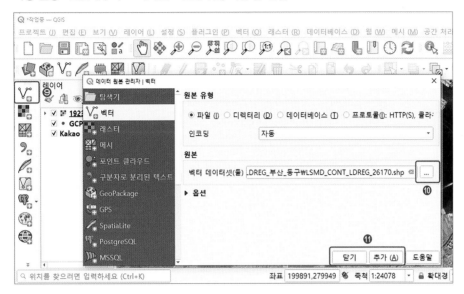

아래와 같이 연속지적도와 지형도에는 도로 너비 정도의 차이가 있는 것을 확인할 수 있다.
연속지적도와 위성영상도 비슷한 차이를 보이고 있어 연속지적도가 차이가 있는 것으로 확
인되고 위성영상과 지형도가 거의 일치하는 것을 확인할 수 있다.

좀더 정확한 확인을 위해 지형도와 위성영상을 중첩해 보고자 한다. 아래와 같이 불투명도를 낮추면 위성영상과 확인이 가능하다.

⑫ 지형도레이어 마우스 우클릭 → ⑬ 투명도 탭 – 전역 불투명도 : 약 40~50% → ⑭ 적용 – 확인 Click

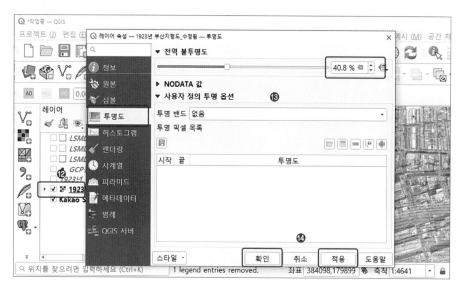

2) 위치정보 없는 항공영상 중첩

드론이나 항공기에서 촬영하였으나 GCP점 측량을 실시하지 않고 정사영상을 제작하였다면, 현장의 좌표와 일치하지 않을 수 있다. 정확한 측량성과가 필요한 경우에는 반드시 GCP점을 측량하여 정사영상을 정위치 편집하여야 하지만, 정확도는 다소 낮으나 신속한 성과가 필요한 경우에는 영상상에서 맞춰 활용할 수 있다. 이때에 활용할 수 있는 플러그인은 "Freehand raster georeferencer"이다.

❶ 플러그인 – 플러그인 관리 및 설치 Click

❷ Freehand 검색 – Freehand raster georeferencer 선택 – 플러그인 설치 Click → ❸ 닫기
Click

❹ Add raster 아이콘 Click → ❺ 파일 선택(영상중첩용_고양_식사.tif) → ❻ Add New Click

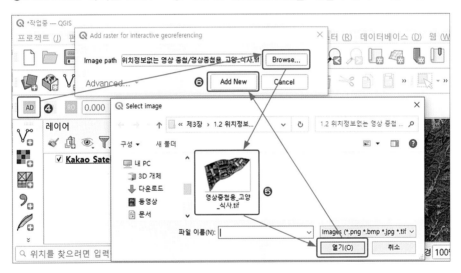

아래 그림과 같이 네이버, 카카오 등에서 지원하는 위성영상은 축척 1:1,000보다 대축척에
서는 화면에 표시되지 않는다. 반면 외부에서 입력한 영상은 무한대로 확대가 가능하다. 따
라서 좀더 정밀한 정확도의 위치 결정 또는 영상분석을 하고자 한다면 해상도 높은 영상을
이용하면 편리하다.

위성영상과 드론영상을 중첩할 때에는 하단의 축척을 1:1,000으로 수기 입력하여 맞춰 놓
고 중첩하면 편리하다.

Freehand raster georeferencer 플러그인은 다음과 같이 직관적인 인터페이스로 구성되어 있어 화면상에서 이동, 회전, 확대·축소 기능으로 중첩하여 활용하면 된다. 건물, 구조물 등 스크린디지타이저를 통해 벡터화할 수 있다.

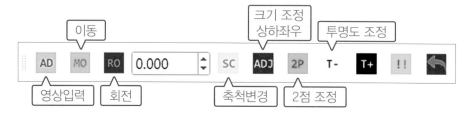

Freehand raster georeferencer 플러그인 기능을 이용하여 영상을 중첩하고, 새 Shapefile 레이어를 만들어 건물을 스크린디지타이저하면 아래와 같이 데이터를 생성할 수 있다.

❷ 지형분석

1) 등고선을 이용한 DEM 제작

지구 표면에서 건물이나 수목 등을 제외한 지구 표면 그대로의 정보를 가지고 있다면, 홍수 수위를 예측하거나 토공량 산정, 도시계획 등 다양한 분야에 활용될 수 있다. 이러한 자료를 수치표고모형(Digital Elevation Model)이라 하는데, 최근 기술의 발달로 항공영상, 드론영상의 취득을 통해 제작되는 경우가 많다. 또한, 국토지리정보원에서도 제공되는 경우가 있다. 그러나 모든 지역에 대한 데이터가 존재하는 것은 아니므로 기존에 만들어진 등고선 등의 자료를 활용한 DEM 제작을 통해 다양하게 활용하는 방법을 알아보고자 한다.

DEM의 제작은 등고선을 이용하는 것이 편리하므로 국토지리정보원에서 제공하는 수치지도 등을 활용하기로 하자. 수치지도의 편집을 위해서는 AutoCAD가 필수적이므로 AutoCAD를 활용해 보자.

실습파일은 국토지리정보원 – 국토정보플랫폼 국토정보맵 – "수치지형도"를 검색하여 다운 받는다.(실습파일 : 세종시 장군면 일원)

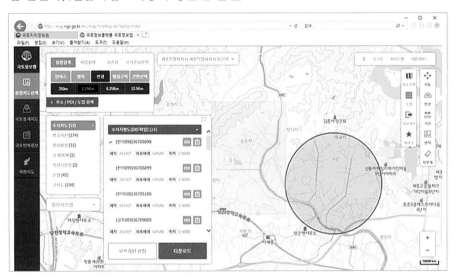

Tip◆ 수치지형도의 파일이름으로 사용하는 도엽번호의 세 번째 자리숫자가 6 또는 7이면 중부원점 (EPSG:5186), 8 또는 9라면 동부원점(EPSG:5187)으로 설정한다.

(1) 수치지형도에서 추출하기

수치지형도를 QGIS에서 바로 불러들이는 경우 등고선(Contour) 높이값을 불러들이지 못한다.(ArcGIS는 가능, 추후 개선될 것으로 기대) 따라서 AutoCAD Map 3D에서 높이값이 저장된 레이어를 shp포맷으로 내보내는 작업이 필요하다.

❶ AutoCAD Map 3D에서 수치지형도를 불러들인다.

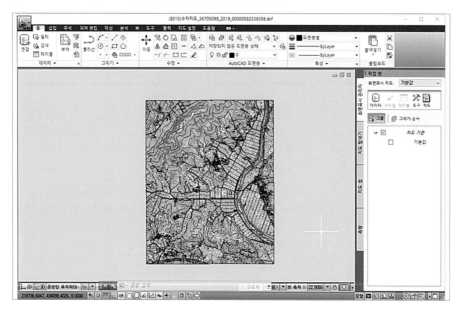

❷ 해당 수치지형도의 등고선 레이어는 'F0017111', 'F0017114'임을 확인할 수 있다.(수치지형도마다 다를 수 있으므로 반드시 확인 필요)

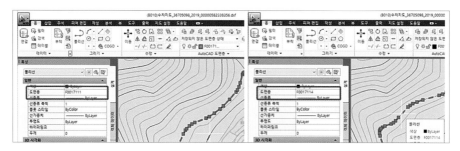

❸ 명령창에 MAPEXPORT 입력 → ❹ 내보낼 파일명 입력(contour line.shp) – 확인 Click

❺ 선택요소 탭 – 객체 유형 : 선 → ❻ 필터 선택 : F0017111, F0017114 → ❼ 데이터 탭 Click

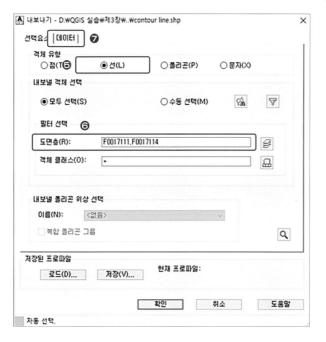

❽ 속성 선택 Click → ❾ 특성 – 고도 → ❿ 확인 Click

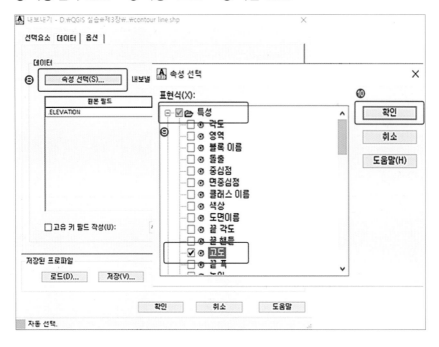

⓫ 출력 필드 : 'elevation' 입력 → ⓬ 확인 Click → SHP파일 생성 완료(contour line.shp)

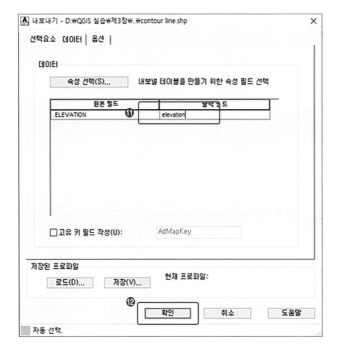

(2) QGIS에서 TIN 및 경사도 작성하기

AutoCAD로 작성된 높이값이 있는 shp파일을 QGIS에서 불러들인 후 그리드 셀을 이용하여
TIN을 생성하고 경사를 분석한다.

❶ 벡터레이어 추가 아이콘 Click – contour line.shp 선택 → ❷ 추가 – 닫기 Click[좌표계
EPSG:5186]

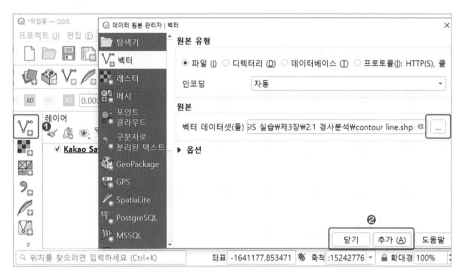

❸ 툴박스 Click → ❹ 보간 – TIN 보간 Click

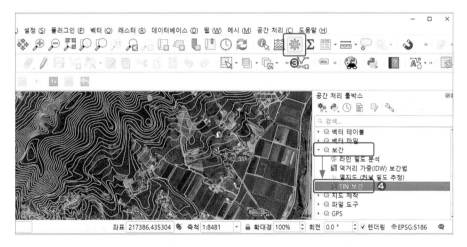

❺ "+"Click – 벡터레이어(contour line, 유형 : 구조 선), 범위(레이어에서 계산), 산출 래스터 크기(픽셀크기 : X 5, Y 5), 보간 산출물(TIN_result.tif) → ❻ 실행 Click

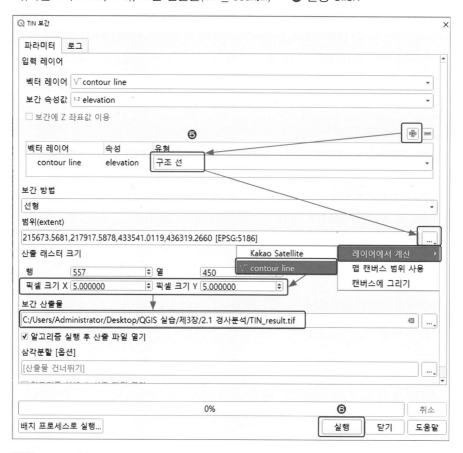

Tip◆ 본 교재에서는 빠른 실행을 위해 픽셀크기를 5*5로 설정하였으며, 실제 업무에서는 업무특성에 맞춰 설정하시기 바랍니다.(세밀하게 하는 경우 0.1 ~ 0.5 적당)

❼ 래스터 – 분석 – 경사도 Click

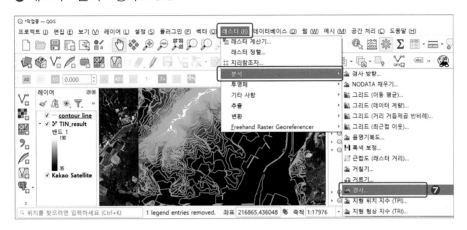

❽ 입력 레이어(TIN_result), 경사(Slope_result.tif) → ❾ 실행 Click

❿ 해당 레이어(Slope_result) 마우스 우클릭 – 속성 – 심볼 – 렌더링 유형 : 단일 밴드 유사색상, 색상 선택, 모드 : 등간격, 분류 : 7 → ⓫ 적용 – 확인 Click

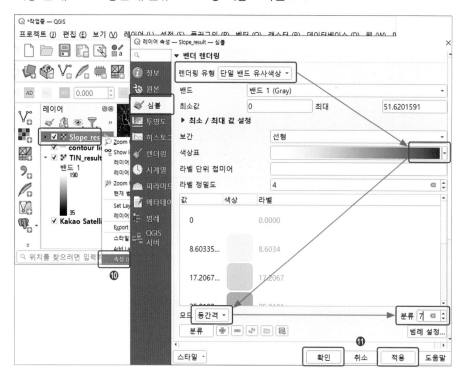

Slope 결과화면과 같은 경사도면을 작성할 수 있다.

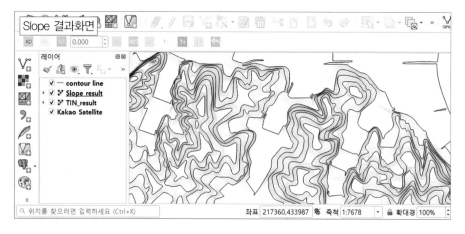

(3) 사업지구 내 경사도면 작성

TIN을 이용하여 작성된 경사도면 위에 사업지구를 설정하고 래스터를 벡터로 변환하여 폴리곤화하면 해당 폴리곤별로 경사도를 표현하는 도면의 작성이 가능하다.

❶ 레이어 – 레이어 생성 – 새 Shapefile레이어 → ❷ 파일명(Newtown Area.shp), 도형 유형(폴리곤), 좌표계(EPSG:5186) → ❸ 확인 Click

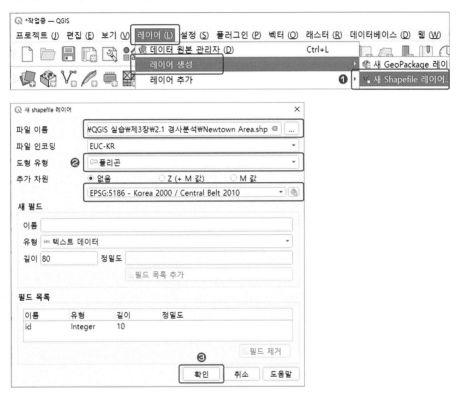

결과화면과 같이 사업지구를 설정한다. 만약 이미 작성된 벡터파일이 있는 경우 이를 활용한다.

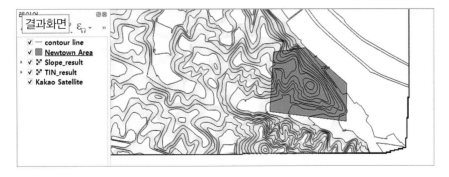

❹ 툴박스 Click – 벡터 생성 – 래스터 픽셀을 폴리곤으로 변환 Click → ❺ 래스터레이어(Slope_
result), 벡터폴리곤(Raster to polygon.shp) → ❻ 실행 Click

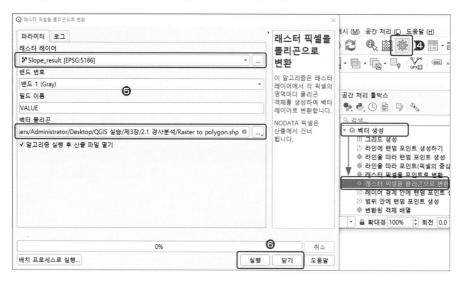

결과화면과 같이 툴바 – 속성 테이블 열기 아이콘을 클릭하면 VALUE 필드에 셀별로 높이
값이 있는 것을 확인할 수 있다.

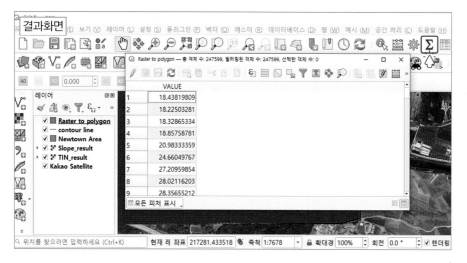

Tip ◆ 메뉴바 기능 활용
래스터–변환–폴리곤화(래스터를 벡터로)를 클릭하면 앞의 기능과 동일한 작업이 진행된다.

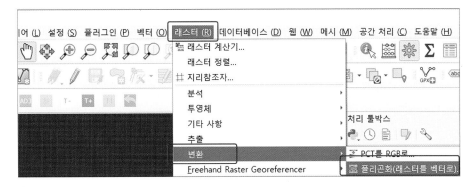

> **Tip◆** 다만 본 교재에서 사용하는 이전 버전에서는 아래와 같은 에러현상이 자주 발생하여 앞에서 설명한 툴박스를 활용하였다. QGIS를 활용하다 보면 가끔 이전 버전에서 잘 되던 기능이 최신버전에서 안 되는 경우가 있는데, 이는 전 세계의 많은 전문가들이 참여하다 보니 생기는 현상으로, 당황하지 말고 툴박스 등 우회 기능을 찾아 활용하기를 권장한다.

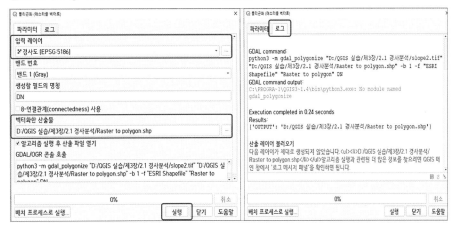

❼ 벡터 − 지리 정보 처리 도구 − 잘라내기 Click → ❽ 입력 레이어(Raster to polygon), 중첩 레이어(Newtown Area), 산출물(result_NA_slope.shp) → ❾ 실행 − 닫기 Click

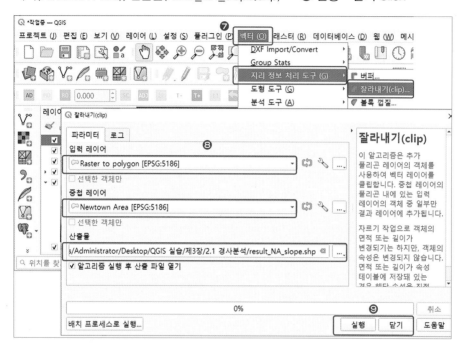

❿ 해당 레이어(result_NA_slope) 마우스 우클릭 − 속성 → ⓫ 심볼 탭 − 단계 구분, 값 : VALUE, 모드 : 프리티 브레이크, 분류 : 6 − 분류 Click → ⓬ 적용 Click

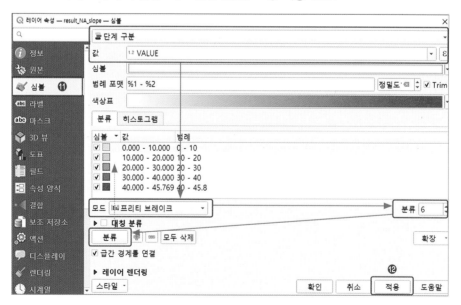

⑬ 라벨 탭 – 단일 라벨, 라벨필드 : VALUE, 서식 – 숫자 표시 형식(체크), 소수점 이하 자릿수 : 0 →

⑭ 적용 – 확인 Click

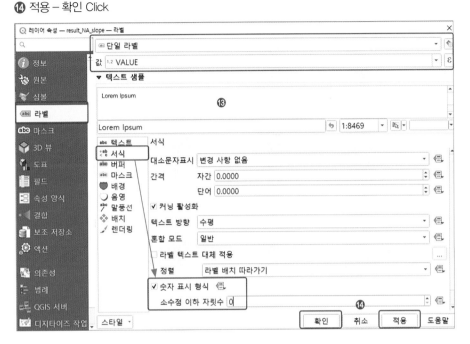

아래 결과화면과 같이 각 셀별로 해당 구역 내 경사분석도가 작성된다.

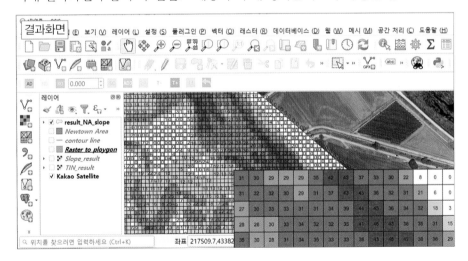

(4) 면적 산출 및 통계 작성

경사분석도를 이용하여 각 셀별 면적을 산출하고 통계를 작성하여 보자.

❶ 해당 레이어(잘라낸 산출물) 선택 → ❷ 편집모드 켜기 → ❸ 필드 계산기 Click → ❹ 새로운
필드 생성 : 체크, 산출 필드 이름 : Area, 산출 필드 유형 : 정수, 산출 필드 길이 : 10, 도형 –
$area 더블Click → ❺ 확인 Click

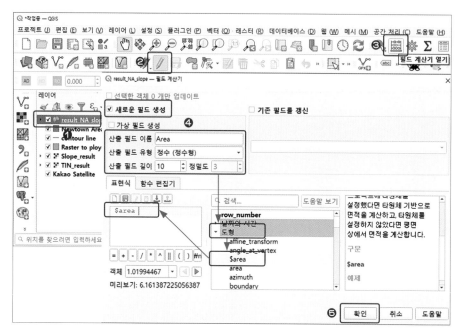

❻ 속성 테이블 열기 Click

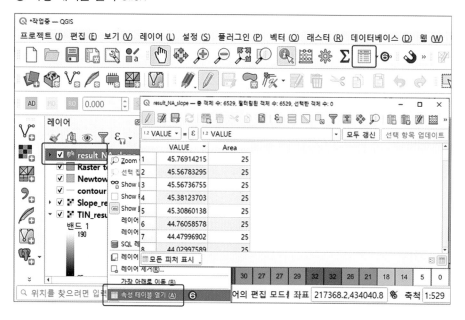

Tip ◆ Area 필드가 생성되고 각 셀별 면적이 나오는 것이 보인다. Tin 생성 시에 5×5 크기로 작성되었기 때문에 완전한 형태의 셀의 경우 면적은 25m²이다.

❼ 객체 식별 아이콘 Click → ❽ 셀 Click

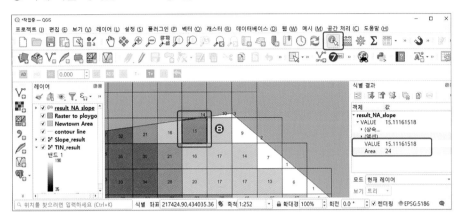

Tip ◆ 선택된 셀의 경사도는 15도이며, 면적은 24m²이다.

툴바 – 통계 요약 보기를 클릭하면 결과화면과 같이 필드별 합계면적, 평균, 최소값, 최대값 등 통계를 확인할 수 있다.

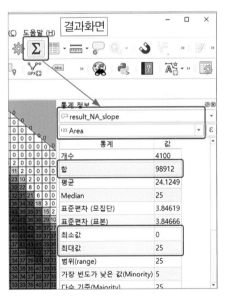

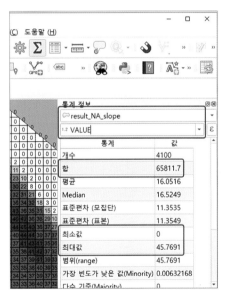

2) DEM에서 종단면, 횡단면 분석

앞에서는 수치지형도를 이용하여 DEM을 작성해 보았다. 이번에는 국토정보플랫폼에서 제공하는 DEM을 이용하여 종단면, 횡단면 분석을 하고자 한다. 경우에 따라서는 DEM은 갱신 주기가 빠르지 않아 앞서 실습한 바와 같이 수치지형도를 활용하는 것이 효과적일 수 있다. 종단면, 횡단면 분석을 위해서는 별도의 플러그인을 다운 받아 사용해야 한다. 본 교재는 가장 기본적인 기능만 위주로 작성되어 있으니 세부적인 사항은 작업을 하면서 응용하기 바란다.

(1) 도면 준비

DEM파일을 다운 받기 위해서 국토정보플랫폼에 접속한다. 위치는 세종특별자치시 장군면 일원(행복도시 좌측)이다.

❶ 통합지도검색 – 반경 : 1.25km – 공개DEM – 파일선택 → ❷ 다운로드 Click

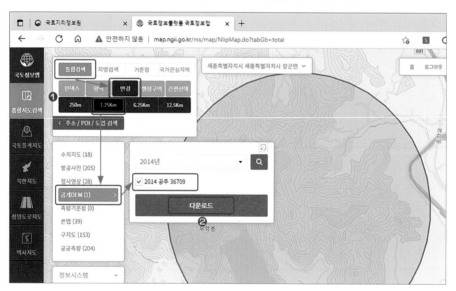

❸ 신청서 작성 – 동의 Check – 다운로드 Click → ❹ 전체 다운로드 Click

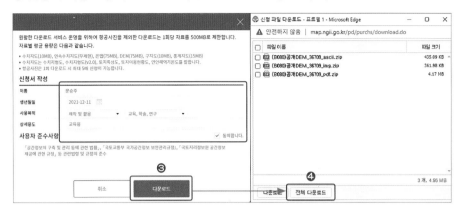

❺ 래스터레이어 추가 아이콘 Click → ❻ 파일 선택(*.img) → ❼ 추가 – 닫기 Click

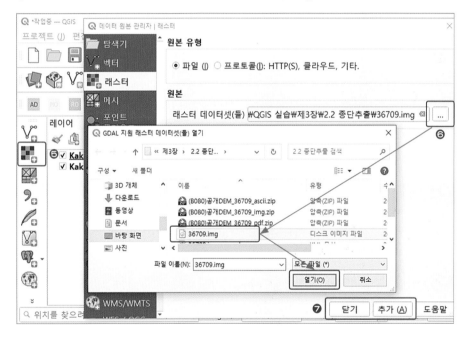

Tip◆ DEM영상 정상 중첩여부 확인

DEM파일을 입력하였으나 좌표계가 정상적으로 잘 입력되었는지 확인하기 어려울 수 있다. TMS for Korea-Kakao Maps를 바탕으로 중첩하고 DEM레이어 마우스 우클릭-속성-투명도 탭-전역 불투명도를 60~70 정도로 맞춘 후 적용하면서 정상적인 위치인지 확인한다. DEM은 고도가 높은 산의 경우 흰색에 가깝게 표현된다.

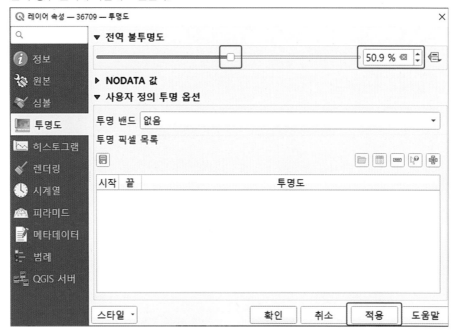

불투명도 100%

불투명도 50%

(2) 종단면 분석

종단면 분석을 위해서는 "Profile tool"이라는 플러그인을 설치해야 한다.

❶ 플러그인 – Profile tool 검색 – Profile tool 선택 – 플러그인 설치 Click

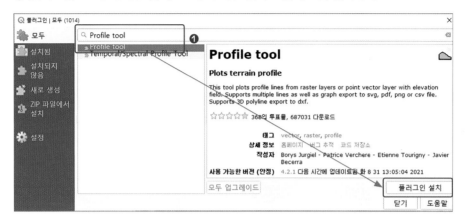

❷ 플러그인 – Profile Tool – Terrain profile Click → ❸ DEM레이어 선택 – Add Layer Click

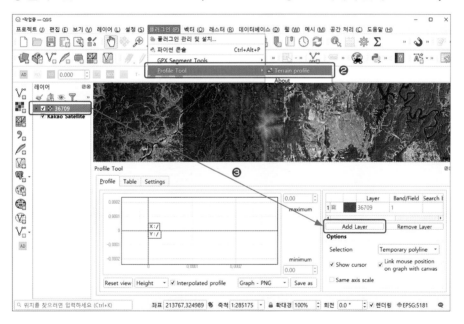

❹ 종단면 분석방법을 선택한 후 분석 실시

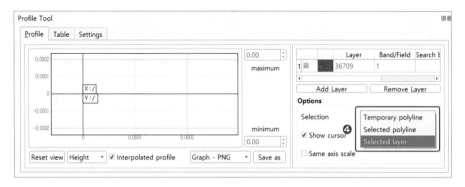

> Tip ◆ • Temporary polyline : 화면상에서 종단면 점 마우스로 직접 입력
> • Selected polyline : 폴리라인을 화면상에서 선택
> • Selected layer : 기 작성된 종단면레이어 선택

업무에서는 계획설계선이 있으므로 기 설계된 레이어를 선택하여 분석하면 된다.

(3) 횡단면 분석

횡단면 분석을 위해서는 "qProf"라는 플러그인을 설치해야 한다.

❶ 플러그인 – qProf 검색 – qProf 선택 – 플러그인 설치 Click

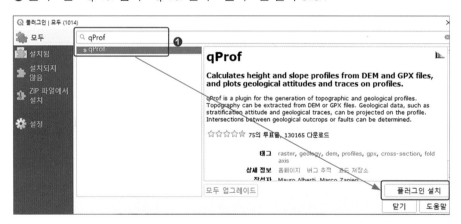

❷ 플러그인 – qProf – qProf Click

❸ Input DEMs – 해당 DEM 선택 – OK Click → ❹ Input line: 3가지 방법 중 선택[화면상 직접 (Digitized line) 입력, 설계선레이어(Line layer) 선택, 점 정보(Point list)(csv 파일) 선택] → ❺ 표고점을 구할 점 간격(line densify distance)(점 간 거리) : 일반적으로 실시설계에서는 20미터마다 산출 → ❻ Read source data Click → ❼ Calculate profile statistics Click(오른쪽 화면과 같이 계산결과 나타남) → ❽ Create topographic profile Click

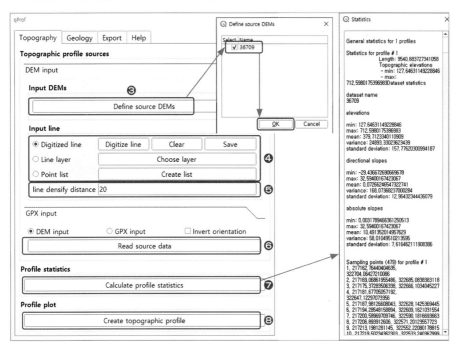

❼의 계산결과에는 설계구간의 표고점 최대, 최소 표고값 및 평균값 등을 확인할 수 있다.

❾ Topographic plot parameters 설정 → ❿ OK Click

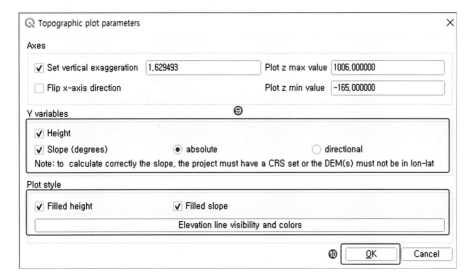

결과화면과 같이 횡단면을 도식화할 수 있다.

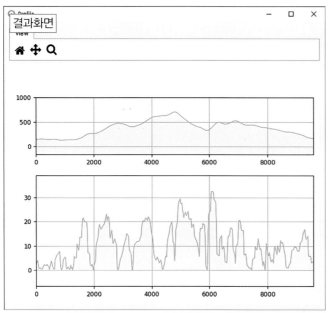

(4) 측점별 위치 및 면적 계산

Export 탭에 다양한 기능이 있는데, Topographic profile data를 이용하면 20미터마다(앞서 설정값에 따름) 점을 생성하고 X, Y, 표고값, 면적 등의 자동계산이 가능하다.

⑪ Export 탭 Click → ⑫ Topographic profile data – Single DEM : 해당 레이어 선택 – shapefile – point – Output file : 파일이름 지정 – OK Click

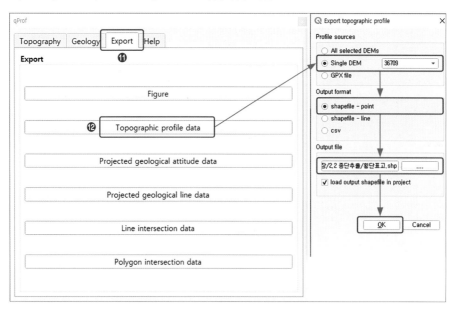

⑬ 횡단표고레이어 마우스 우클릭 – 속성 테이블 열기 Click → ⑭ 점 선택 – 지도를 선택한 행으로 이동
아이콘 Click

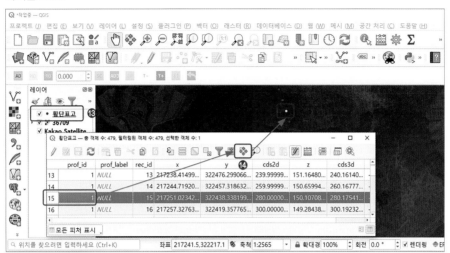

위의 화면과 같이 X, Y, 표고값, 면적 등을 확인할 수 있다.

03 사업지구 관리

1) 편입토지 추출

특정한 사업이 계획된 경우 사업지구를 결정하고 해당 지역 편입토지를 관리해야 한다. 행정구역 또는 사업지구 경계선을 기준으로 편입토지를 추출하고 편입토지의 면적산정 및 지목 등 특정한 목적에 따른 구분도를 작성하여 사업지구를 효율적으로 관리해 보자.

대상 지역은 세종시로 국가공간정보포털에 접속하여 검색창에서 "연속지적도", "행정구역"을 검색하여 세종특별자치시 연속지적도와 행정구역파일을 다운 받아 보자.

- 실습데이터는 국가공간정보포털 – "연속지적도" 검색 – 오픈마켓 – 연속지적도_세종 Click 다운로드
- 국가공간정보포털 – 오픈마켓 – [국토교통부]행정구역_리(법정동) Click – LSMD_ADM_SECT_RI_세종.zip 다운로드

(1) 도면 준비

❶ 웹 – TMS for Korea – Kakao Maps – Kakao Satellite Click

❷ 벡터레이어 추가 아이콘 Click – 연속지적도 파일 선택(좌표계 : EPSG:5174)

❸ 벡터레이어 추가 아이콘 Click – 행정구역 파일 선택(좌표계 : EPSG:5179)

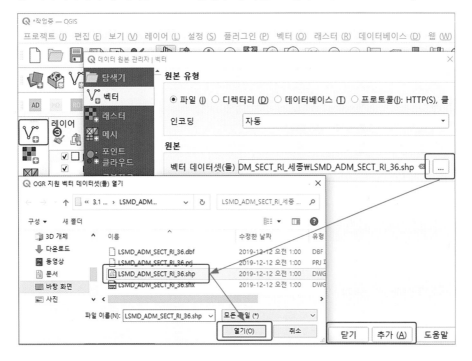

❹ 연속지적도레이어 – 심볼레이어 타입 : 외곽선 단순라인 등 설정

❺ 행정구역레이어 – 심볼레이어 타입 : 외곽선 단순라인 등 설정 → ❻ 라벨 탭 – 단일 라벨 –
라벨필드 : RI_NM – 배경 : 배경 그리기 Check – 기타 설정 – 적용/확인 Click

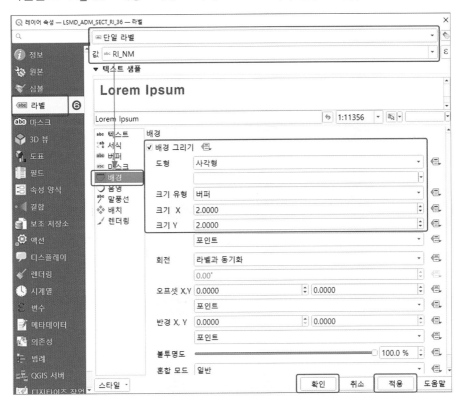

아래 그림과 같이 위성영상, 연속지적도, 행정구역레이어를 중첩하였다.

(2) 행정구역으로 추출

행정구역을 추출하는 방법은 연속지적도 속성의 각 지번별로 부여된 19자리인 PNU코드번호를 이용하는 것으로, 읍면동단위라면 PNU코드 8자리를 이용하여 해당되는 행정구역을 선택하여 저장하는 방법을 주로 사용한다. '행정구역'이라는 용어를 사용하고 있지만 엄밀한 의미에서는 '법정동'이라는 용어가 정확하며, 행정동은 행정의 편의상 여러 지역을 하나로 운영하는 등 그 명칭이나 코드번호가 바뀌는 경우가 많지만 법정동은 군지역이 시지역으로 승격되는 등 특별한 사유가 있지 않는 이상 자주 바뀌지 않아 관리가 용이하다. 토지를 관리하는 토지대장 및 지적도는 법정동을 사용하고 있으므로 연속지적도도 당연히 법정동을 사용한다. 실습을 위해서는 법정동코드목록이 필요하므로 행정표준관리시스템에 접속하여 법정동코드목록을 다운 받아 보자.(실습데이터는 행정표준관리시스템 접속 – 코드검색 – 법정동 Click – 법정동코드 전체자료 Click 다운로드)

❶ 법정동코드 전체자료파일을 열고 – 편집 – 찾기 → ❷ "조치원읍" 다음 찾기 Click

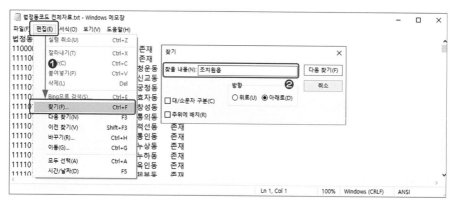

조치원읍 상리는 3611025022의 코드를 가지고 있다.

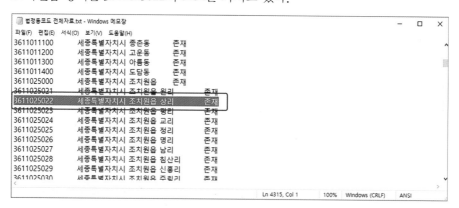

❸ 연속지적도레이어 마우스 우클릭 – 속성 테이블 열기 Click → ❹ 서식을 이용하여 객체선택
아이콘 Click

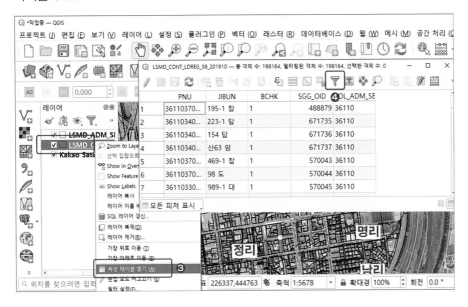

❺ 조치원읍 상리 코드인 "3611025022" 입력 – 객체 선택 : 객체 선택 Click – 닫기 Click

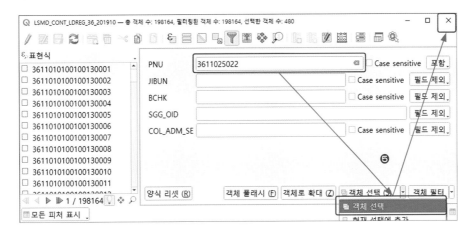

❻ 연속지적도 마우스 우클릭 – Export – Save Selected Features AS Click → ❼ 포맷 : ESRI shapefile, 저장경로 지정, 좌표계 : EPSG:5186, 인코딩 : EUC–KR – 확인 Click

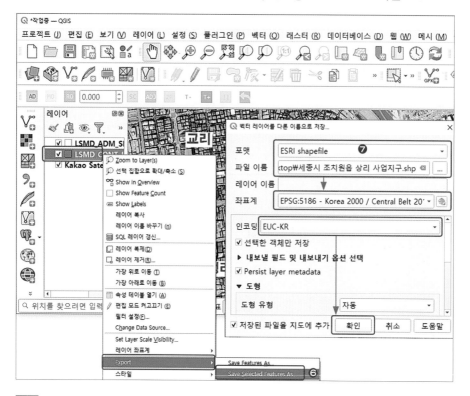

Tip ◆ 1. 단순히 편입토지를 관리하는 경우 좌표계는 EPSG:5186 등을 사용하면 되지만, AutoCAD 등을 이용하여 설계 등의 작업을 하는 경우에는 해당 연속지적도의 좌표계를 사용한다.
2. 내보낼 필드 및 내보내기 옵션 선택을 이용하여 필요한 필드만 내보내면 좀더 가볍게 활용할 수 있다.

행정구역(조치원읍 상리)을 선택하면 결과화면과 같이 저장된다.

(3) 사업지구 경계선으로 추출

일단의 지역의 개발사업을 실시하는 경우 사업지구 경계선이 있다. AutoCAD 등의 도면편집 SW로 경계선이 작성된 경우에는 벡터레이어로 중첩한 후 경계선을 기준으로 추출하면 된다. 별도의 경계선파일이 없는 경우라면, 도면편집 기능을 이용하여 경계선을 만들고 작성된 경계선으로 편입토지를 추출하여 보자.

❶ 레이어 – 레이어 생성 – 새 Shapefile 레이어 → ❷ 저장경로 지정 – 좌표계 : EPSG:5174 – 새 필드 이름 : 지구계 – 필드 목록 추가 Click – 확인 Click

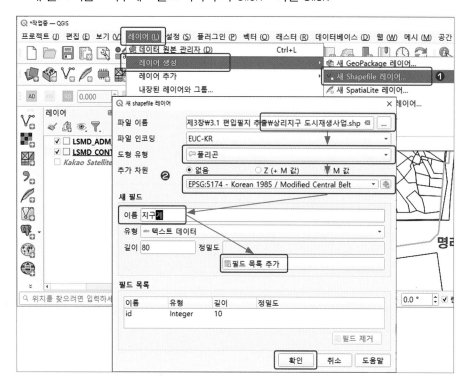

❸ 스냅활성화 Click – 스냅 옵션 열기 Click → ❹ 모든 레이어, 꼭짓점 선택 → ❺ 새 레이어 선택 – 편집모드 켜기, 폴리곤 객체 추가 Click → ❻ 사업지구 경계선 취득

Tip 스냅 툴바는 사업지구 경계선이 토지의 경계선과 일치하는 구간의 경우 경계선과 일치하게 작성하기 위해 필요한 기능이다. 그런데 작업 중에 툴바 또는 패널이 사라지는 경우가 있다. 이러한 경우 아래와 같이 보기–패널/툴바에서 해당 패널이나 툴바를 체크하면 화면에 나타난다.

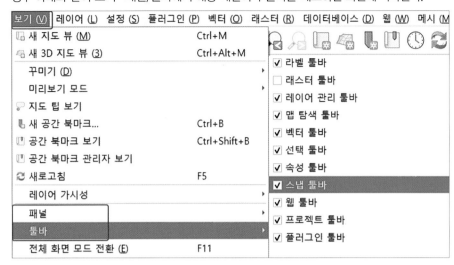

경계점을 잘못 제도하거나 빠트린 경우에는 꼭짓점(버텍스)도구를 사용하여 편집할 수 있다.

❼ 꼭짓점도구 Click – 지구계 편집(편집이 완료되면 편집모드 끄기를 클릭하여 저장한다.)

❽ 벡터 – 지리 정보 처리 도구 – 잘라내기 → ❾ 입력 레이어 : 연속지적도레이어, 중첩 레이어 : 경계선레이어, 산출물 : 저장경로 지정 → ❿ 실행 – 닫기 Click

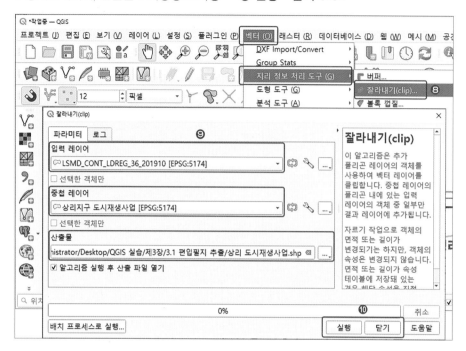

결과화면과 같이 지구경계선에 포함된 편입토지만 추출되었다.

(4) 편입토지조서 작성

❶ 편입토지레이어 마우스 우클릭 – 속성 테이블 열기 Click → ❷ 전체 선택 – Ctrl+A

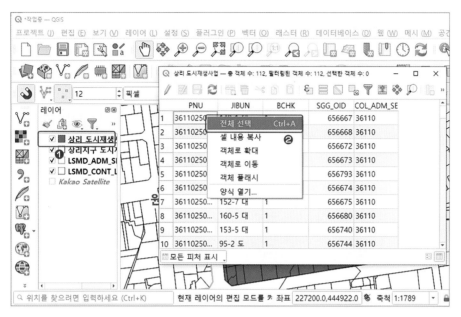

사업지구 내 편입된 토지를 복사하여 EXCEL에 붙여 넣은 후 행정표준관리시스템에서 받은 법정코드목록을 붙여 넣고, VLOOKUP함수 등을 이용하여 PNU코드를 토지소재로 변경하면 편입토지의 조서를 작성할 수 있다. 이에 대해 자세한 것은 〈제2장 **02** 3) 기준점 조서 작성〉을 참조하기 바란다.

2) 편입토지 면적산정

가스 등 관로를 설치하거나 도로를 개설하는 경우 일정한 폭의 토지를 활용해야 하며, 이를 매입하여 수용하여야 하는 경우가 있다. 전체적인 사업예산을 설계하기 위해서는 공시지가 등을 이용하여 개략적인 보상금을 사전에 산정할 필요가 있다. 따라서 편입토지의 지번별 편입면적을 파악해야 하므로 AutoCAD 등으로 설계된 경계선파일을 QGIS에서 연속지적도에 중첩하여 편입토지의 면적산정 및 관리방법을 알아보자.(실습데이터는 국가공간정보포털 → "연속지적도" 검색 → 오픈마켓 → 연속지적도_세종 Click 다운로드)

(1) 도면 준비

❶ 설계도면에서 사업경계선레이어만 켠다.

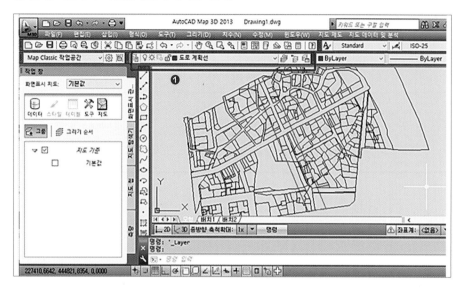

❷ 사업경계선 선택 후 "W" enter → ❸ 저장경로 지정 – 확인 Click

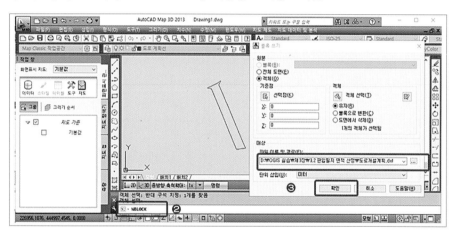

Tip◆ "W"는 WBLOCK 단축키로 필요한 데이터만 내보낼 때 사용한다.

❹ QGIS를 시작하여 Kakao 위성지도와 연속지적도 중첩(좌표계 EPSG:5174)

❺ 사업경계선(도로개설계획.dxf) 추가(좌표계 EPSG:5186)

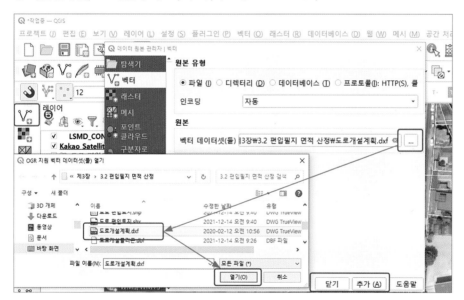

❻ 벡터 – 도형 도구 – 라인을 폴리곤으로 Click

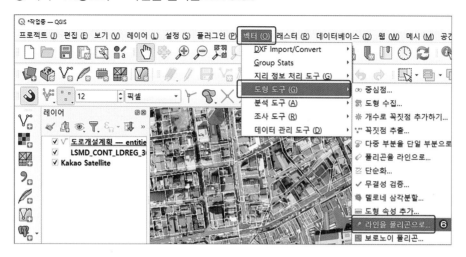

❼ 입력 레이어 : 도로개설계획(불러온 dxf), 폴리곤 : 저장경로 지정 – 실행 – 닫기 Click

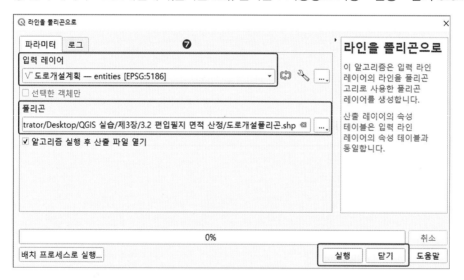

Tip ▶ 본 작업을 해야만 사업경계선이 폴리곤화 되어 사업지구 내 필지를 잘라낼 수 있게 된다.

(2) 편입토지 면적산정

❶ 벡터 – 지리 정보 처리 도구 – 잘라내기 Click

❷ 입력 레이어 : 연속지적도레이어, 중첩 레이어 : 도로개설폴리곤(폴리곤화한 사업경계선),
산출물 : 저장경로 지정 – 실행 – 닫기 Click

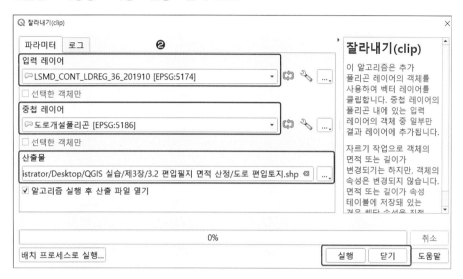

❸ 해당 레이어(잘라낸 산출물) 마우스 우클릭 – 속성 테이블 열기 Click → ❹ 필드 계산기 열기
Click

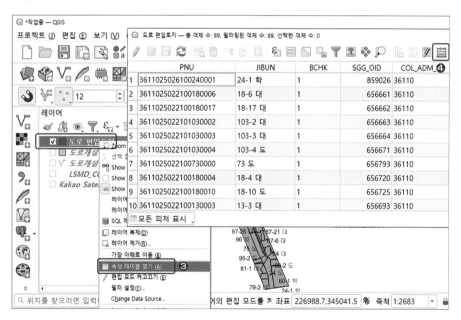

❺ 새로운 필드 생성 Check – 산출 필드 이름 : Area – 도형 – $area Double Click – 확인 Click

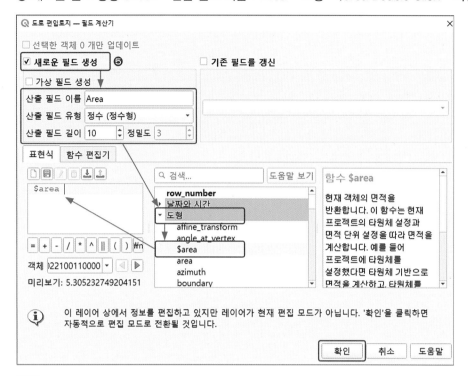

Tip◆ 도형–$area를 더블클릭하면 표현식에 나타나고, 출력 미리보기에 해당 값이 나타난다.

결과화면과 같이 맨 마지막 필드에 면적이 계산된 것을 확인할 수 있다.

Tip◆ 편입토지를 추출하기 전에 사업지와 주변 토지의 면적을 미리 산정해 놓고 상기 작업을 실시한 후 PNU를 기준으로 두 면적을 비교하여 면적이 동일한 경우에는 필지 전체가 사업에 포함되며, 면적이 작게 나타나는 경우에는 일부만 편입되는 필지라는 것을 확인할 수 있다. EXCEL의 함수기능을 병행하여 활용하면 더욱 편리하다.

(3) 보상날짜 관리 등

새로운 필드를 만들어 편입토지에 대한 보상 등 관련 내용을 관리할 수도 있다.

❶ 편집모드 Click → ❷ 새 필드 Click – 명칭 : Land Compe, 유형 : 날짜 – 확인 Click

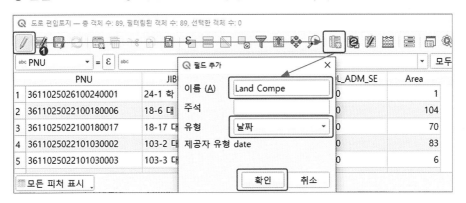

❸ 객체식별 아이콘 Click → ❹ 갱신할 필지 선택 → ❺ Land Compe 필드 마우스 우클릭 – 객체양식 편집 Click → ❻ 보상날짜 입력 – 확인 Click

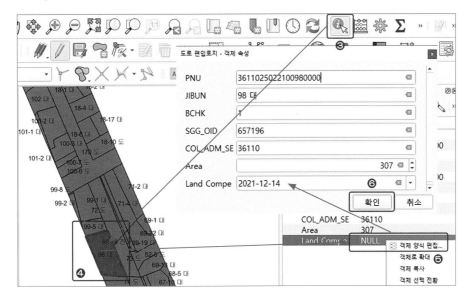

결과화면과 같이 보상날짜 등을 관리할 수 있다. 또한 사업에 필요한 다양한 항목을 필드로 만들어 적용할 수 있다. 다만 필드를 너무 많이 관리하면 일일이 갱신해야 하는 번거로움이 있으므로 적정한 기준을 정하고 필드를 만들어 관리하는 것이 합리적이다.

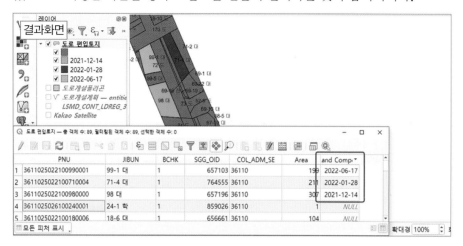

3) 구분도 제작

토지 지목의 경우 28개로 나누어져 있기 때문에 지목으로 구분도를 작성할 수 있다. 이외에도 분류가 가능한 항목을 이용하여 구분도 작성이 가능하다. 구분도의 작성 목적은 사업지구의 현황을 한눈에 알아보기 쉽도록 작성하는 것으로, 다양한 업무에 활용이 가능하다.
앞서 행정구역으로 편입토지를 추출하였던 방법으로 세종특별자치시 연기면 연기리를 추출한 도면을 우선 작성하고, 지번과 지목이 하나의 필드로 되어 있으므로 지목을 별도의 필드로 만들어 지목별로 구분도를 작성하여 보자.

❶ 세종시 연기리레이어 마우스 우클릭 – 속성 테이블 열기 Click → ❷ 필드 계산기 Click

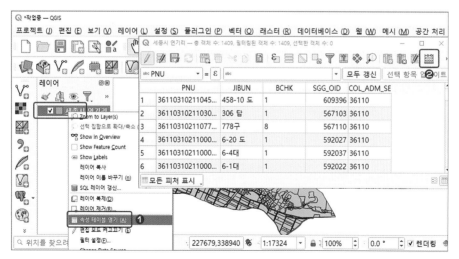

❸ 새로운 필드 생성 Check – 산출 필드 이름: Jimok – 필드와 값 – JIBUN Double Click – 표현식 : right("JIBUN",1) – 확인 Click → ❹ 편집모드 끄기 Click – 저장 Click

[표현식 : right("JIBUN", 1)]

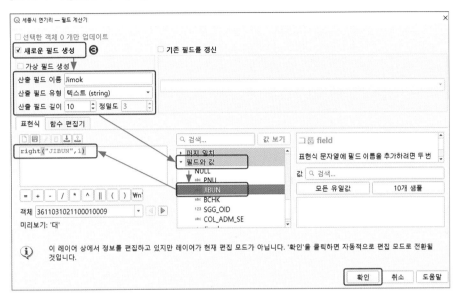

Tip ◆ JIBUN필드에 지번과 지목이 같이 기재되어 있으므로 EXCEL함수에서 사용하는 right함수를 이용하여 오른쪽 1번째 텍스트만 가져온다. 따라서 표현식에 right 괄호 열기 입력 후 필드와 값–JIBUN 더블클릭 후 콤마와 숫자 1과 괄호를 달아 준다.

❺ 세종시 연기리레이어 마우스 우클릭 – 속성 Click → ❻ 심볼 탭 – 분류값 사용 – 값 : Jimok – 분류 Click – 적용 – 확인 Click

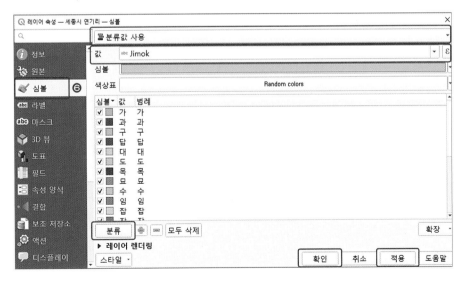

결과화면과 같이 지목별로 구분도가 작성되었다. 레이어 앞의 ▶을 클릭하면 지목별 분류를 볼 수 있으며, 각 지목별 색상의 편집이 가능하다. AutoCAD 등에서 설계를 위한 파일 작성이 가능하므로 다음은 DXF파일 내보내기 작업을 해 보도록 하자.

❼ 프로젝트 – 가져오기/내보내기 – 프로젝트를 DXF로 내보내기 Click

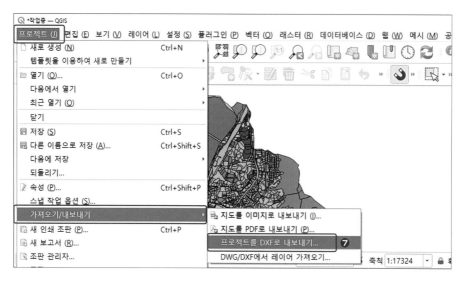

❽ 저장경로 지정, 심볼 모드 : 객체 심볼, 인코딩 : CP936(해당 인코딩이 없는 경우 CP계열로 설정), 좌표계 : EPSG:5174 – 기타 옵션 Check → ❾ 확인 Click

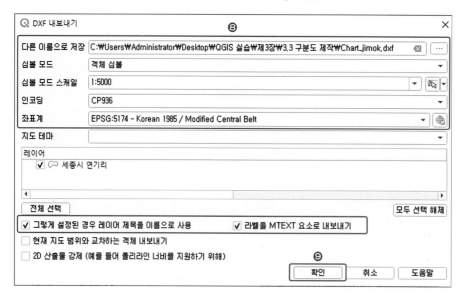

저장된 DXF파일을 AutoCAD에서 열면 결과화면과 같이 확인이 가능하다. 설계 등에 활용
할 수 있다.

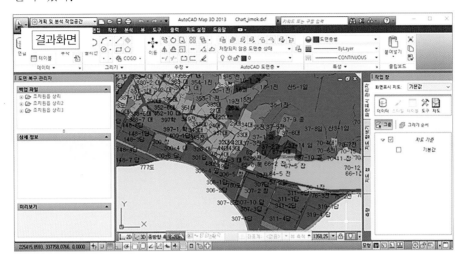

스마트한 QGIS 활용서

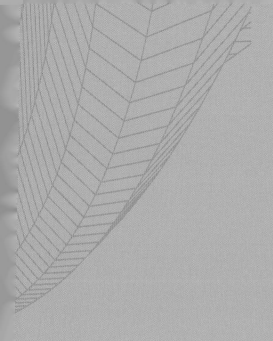

CHAPTER 04

QGIS 응용

QGIS 응용

이 장에서는 지적, 측량, 토지개발, 도시계획 등에 유용한 기능과 결과물작성 기능 등을 소개한다. 이외에도 다양한 플러그인이 계속 개발되고 있어 주기적으로 검색하여 보다 편리한 기능을 활용하도록 노력하는 것이 중요하다.

01 유용한 기능

1) 이동량 분석

특정지점을 지속적으로 관측하여 변위량을 그림으로 표현하거나 일정지역의 도형을 변환하는 경우 기존 기준점과 새로운 기준점과의 변환량을 표현하는 데 유용한 플러그인이다. 관로 관리를 예로 든다면, 기존 설치 위치정보와 자연재해 등으로 이동한 이후의 위치정보를 이용하여 이동변위량을 표현할 수 있고, 하상고측량 등 중요시설물의 안전을 위해 필요한 높이값의 변위정보를 측정하여 관리할 수 있다. 지적분야나 측량분야의 경우 과거 작성된 도면을 세계측지계 기준으로 변환하는 경우 기준점이 각각 가지고 있는 성과의 차이를 비교하여 변위량을 도면으로 표현할 수 있다. 따라서 논문, 보고서 등에 변위량을 그림으로 표현하는 데에도 유용하게 활용된다.

점에 대한 이동량 표현을 위해서는 "Vector field layer manager"라는 플러그인을 우선 설치하고 이동 전 좌표와 이동 후 좌표 및 이동량 등을 계산하여 csv파일로 저장한 후 이용한다.

M9	:	×	✓	fx				
	A	B	C	D	E	F	G	H	I
1	순번	종선(X)	횡선(Y)	이동종선(	이동횡선(	이동량(X)	이동량(Y)	방위각	거리
2	w2288	380288.9	249906.6	380286.8	249903.4	-2.1	-3.2	236.7251	3.827532
3	w2289	380172.3	249891.7	380167	249888.2	-5.3	-3.5	213.4399	6.351378
4	w2290	380030.9	249803.1	380028.3	249800	-2.6	-3.1	230.0131	4.045986
5	w2291	379811.5	249813.2	379814	249816.4	2.5	3.2	52.00127	4.060788
6	w2292	379725.4	249871.7	379728.3	249875.3	2.9	3.6	51.14663	4.62277

❶ 플러그인 – Vector field layer manager 검색 – Vector field layer manager 선택 – 플러그인 설치 – 닫기 Click

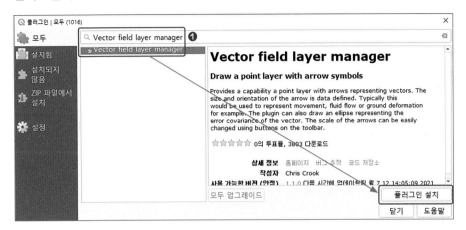

❷ 구분자로 분리된 텍스트 아이콘 Click → ❸ 파일 선택, 인코딩 : EUC – KR, 파일 포맷: CSV, 포인트 좌표[X 필드 : 횡선(Y), Y 필드 : 종선(X)], 도형 좌표계 : EPSG:5174 → ❹ 추가 – 닫기 Click

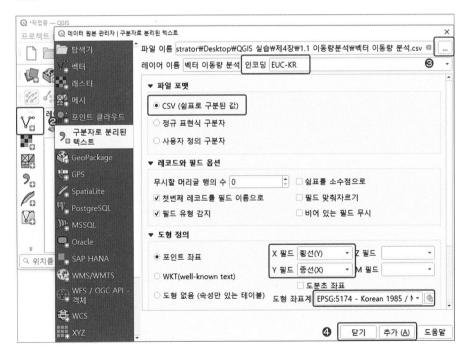

❺ Vector field layer Click → ❻ Cartesian Check, X attribute : 이동량(Y), Y attribute : 이동량(X) 선택 → ❼ 확인 Click

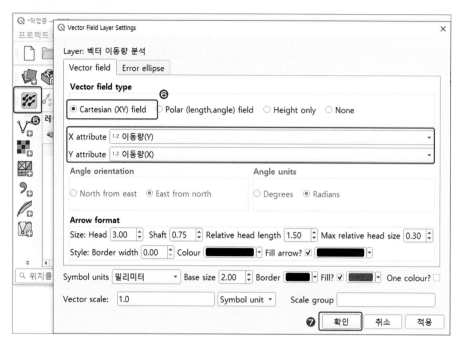

아래 결과화면과 같이 이동량이 표현된다.

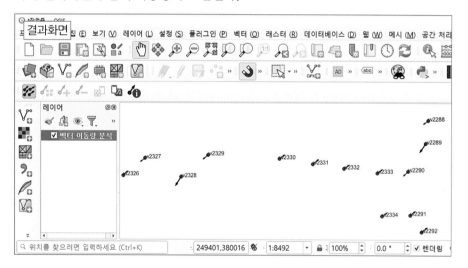

X, Y 각각의 이동량뿐만 아니라 거리와 방위각으로도 표현이 가능하다.

❽ Polar Check, Length attribute : 거리, Angle attribute : 방위각, Angle units : Degrees →
❾ 확인 Click

아래 결과화면과 같이 이동량이 표현되며, 결과는 동일하다.

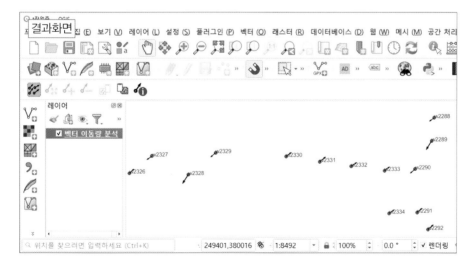

2) 위성영상 활용

QGIS에서 TMS for Korea를 활용하여 위성영상을 배경으로 사용하다 보면 가끔 영상이 안 보이거나 화질이 너무 낮은 경우가 있다. 특히 북한 접경지역에 많이 나타나는 현상이다. 또 다른 상황으로, 현장에 출장하여 노트북 등을 이용하여 오프라인모드에서 영상을 확인하고 싶은 경우가 있는데, 이러한 경우 위성영상을 저장하여 활용하면 효과적이다. 특히 온라인서비스영상보다 고화질의 영상을 다운로드 받아 사용하는 경우 영상을 확대하여도 영상이 사라지는 현상이 발생하지 않으므로 활용도는 훨씬 높아진다.

지금까지 사용했던 TMS for Korea 이외에도 전 세계적으로 수집된 영상을 활용하는 방법은 "OpenLayers Plugin"을 추가하여 활용하는 방법(온라인에서만 사용 가능), "SAS.Planet"을 이용하여 영상을 다운 받는 방법, USGS에 접속하여 영상을 다운 받는 방법 등이 대표적이다. 각각 하나씩 실습하고 작업에 가장 적합한 방법을 선택해 보자.

(1) OpenLayers Plugin 활용

네이버 지도에서 경기도 김포시 월곶면 보구곶리 일대를 살펴보면 아래와 같이 영상이 제대로 표현되지 않는다.

QGIS에서 웹 – TMS for Korea – Kakao Satellite를 불러와도 아래와 같이 동일하게 나타나며,
더 확대하면 아예 보이지 않는다.

경기도 김포시 월곶면 보구곶리 일대를 확대해 보고자 한다. 보구곶리는 김포와 강화도 사이로, 강이 있고
오른쪽의 농경지 일대가 이에 해당된다. 해당 지역을 확대하면 위의 그림처럼 일부 지역의 영상이 보이지
않는 현상이 있다.

OpenLayers Plugin을 설치해 보자.

❶ 플러그인 – OpenLayers Plugin 검색 – OpenLayers Plugin 선택 – 플러그인 설치 – 닫기
Click

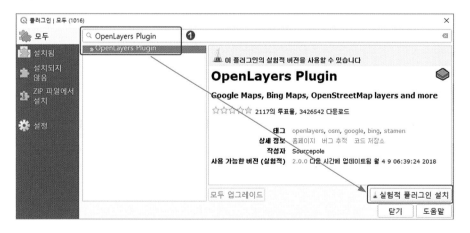

Tip◆ 실험적인 플러그인을 설치하여 사용하여도 이상이 없는 경우가 많다.

❷ 웹 – OpenLayers plugin – Bing Maps – Bing Aerial Click

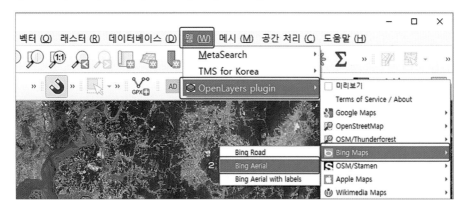

Google Maps 등 다양한 지도를 불러올 수 있다. 모든 영상의 해상도가 다 높은 것은 아니므로 해당 사업지역의 최적의 영상을 찾아 활용하도록 한다.

아래 결과화면과 같이 해당 지역의 영상을 볼 수 있다.

(2) SAS.Planet 활용

SAS.Planet은 Google Map을 비롯하여 Bing Map, Digital Globe, Yahoo!, Google Earth 등
전 세계에서 수집되는 다양한 영상을 무료로 받아서 사용할 수 있도록 만들어진 다운로드
프로그램이다. SAS.Planet을 활용하기 위해서는 아래의 주소에 접속하여 다운받아 사용하
여야 한다.

https://bitbucket.org/sas_team/sas.planet.bin/downloads/

❶ 접속하여 가장 최신의 버전을 다운로드 하여 압축 해제

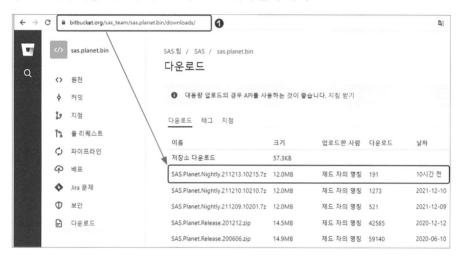

❷ 압축을 풀면 해당 폴더에 SASPlanet.exe를 실행

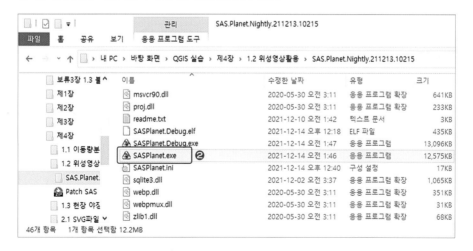

Map Data가 없는 경우에는 아래와 같이 오류가 뜨고 실행되지 않는다.

다음의 경로에 관련 기술자료가 있으니 Patch파일을 다운 받아 해결하면 된다. 본 교재의 실습자료에는 이미 Patch파일을 적용하였다.

https://gisenglish.geojamal.com/2020/09/fix-sas-planet-unable-to-load-maps.html

[Patch파일 적용방법]

압축된 Patch파일의 압축을 풀어 SAS.Planet.Nightly.211213.10215\Maps 폴더에 붙여 넣으면, 화면과 같이 sas.maps와 sas.plus.maps가 있게 된다.

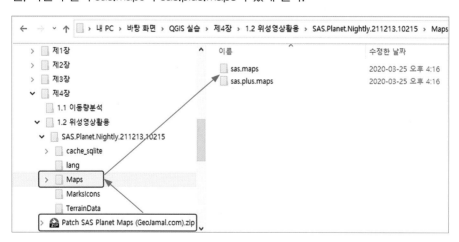

[SAS.Planet 정상 실행화면]

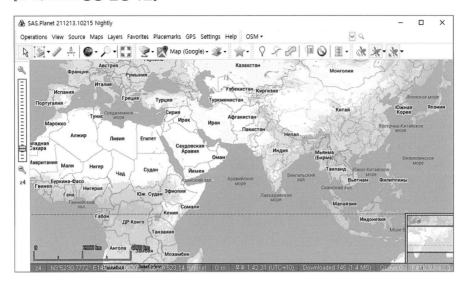

[기본영상 바꾸기]

지역에 따라 지원되는 영상의 해상도는 다를 수 있으며, 최신의 것인지도 확인할 필요가 있다. SAS.Planet는 기본적으로 Google 지도를 서비스하고 있지만, Bing Map 등 다양한 영상이 있으므로 적절한 영상을 선택하여 활용하도록 한다. 본 교재에서는 ArcGIS.Imagery를 사용한다.

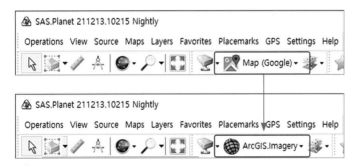

❸ 영상을 다운 받을 지역을 확대하고, 선택버튼에서 "Rectangular Selection"을 선택

❹ 다운 받고자 하는 범위를 화면상에서 지정

❺ Download 탭 → ❻ Zooms 선택

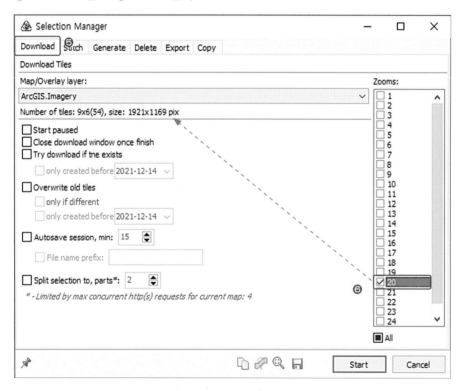

> **Tip** 상기 범위로 Zoom을 16, 20, 24로 선택한 경우 각각 아래와 같이 Tile의 숫자와 Size가 변하는 것을 확인할 수 있다.(Pix값은 선택영역에 따라 달라짐) Zoom의 수치를 높일수록 해상도를 높게 받을 수는 있지만 Tile의 숫자가 많아지고 다운로드 시간도 오래 걸릴 수 밖에 없다. Zoom을 높여도 일정 수준 이상에서는 이미지의 해상도는 높아지지 않으며, 서비스하는 서버의 인터넷환경이 한국 같은

상황이 아니어서 다운로드 속도가 매우 느릴 수 있으므로 적당한 Zoom을 선택하여 활용하는 것이 합리적이다.

Zoom 16   Number of tiles: 2x2(4), size: 171x96 pix

Zoom 20   Number of tiles: 12x6(72), size: 2728x1529 pix

Zoom 24   Number of tiles: 171x96(16416), size: 43648x24449 pix

❼ Cached Tiles map 아이콘 Click – 해당 Zoom Click(z20) → ❽ Start Click

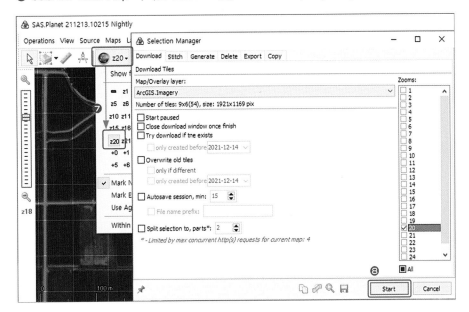

다운로드 받을 범위를 미리 볼 수 있다.

❾ 다운로드가 시작되고 완료되면 Quit Click

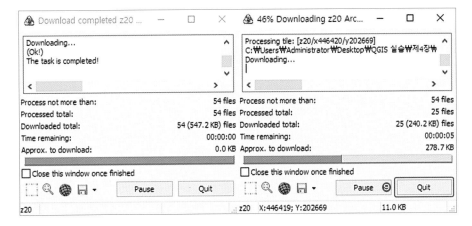

⑩ "Last Selection" 버튼 Click

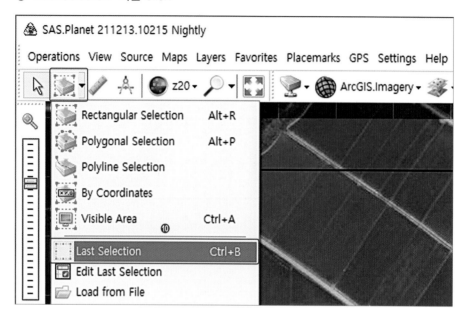

⑪ Stitch 탭 – 옵션 설정 → ⑫ Start Click

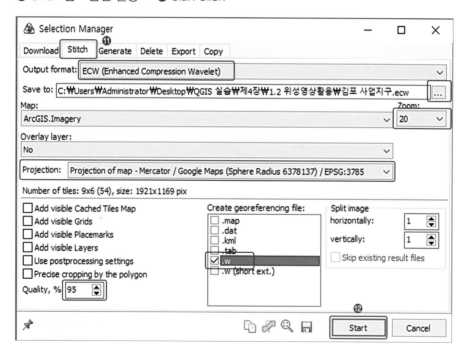

상기 작업은 Tile로 나눠 받은 이미지를 하나로 합쳐서 하나의 파일로 만드는 작업이다.

- Output format : ECW(고해상도이며 파일용량이 적음 – 일반적으로 가장 많이 활용)
- Save to : 파일 저장위치 지정

- Zoom : 다운로드 시 숫자와 동일하게 지정(20)
- Quality : 95%(Default)
- Create georeferencing file : .w

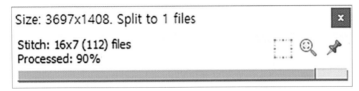

❸ ECW파일이 저장되면, QGIS에서 해당 파일 선택 → ❹ 추가 – 닫기 Click

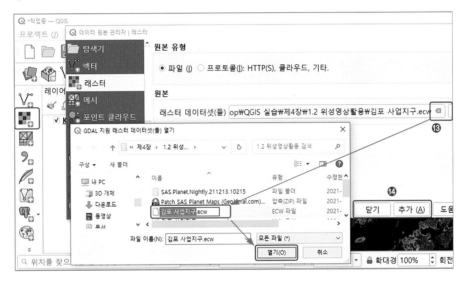

QGIS OpenLayers plugin에서 제공하는 Bing Map(점선 위)과 SAS.Planet에서 받은 ECW파일을(점선 아래) 오버랩한 결과 SAS.Planet에서 받은 파일이 선명하며, 일정수준 이상으로 확대하는 경우에도 화면상에 잘 나타나는 것을 확인할 수 있다.

(3) USGS데이터 다운로드

미국지질자원조사국(USGS)의 위성영상서비스에는 다양한 종류의 위성을 지원한다. https://earthexplorer.usgs.gov/에 접속하여 회원 가입 후 위성영상을 다운 받을 수 있다.

❶ "https://earthexplorer.usgs.gov/"에 접속 – 로그인

❷ Search Criteria 탭 – 화면상에 위치 지정 – 데이터 기간 지정(3년 지정하였음) → ❸ Data Sets Click

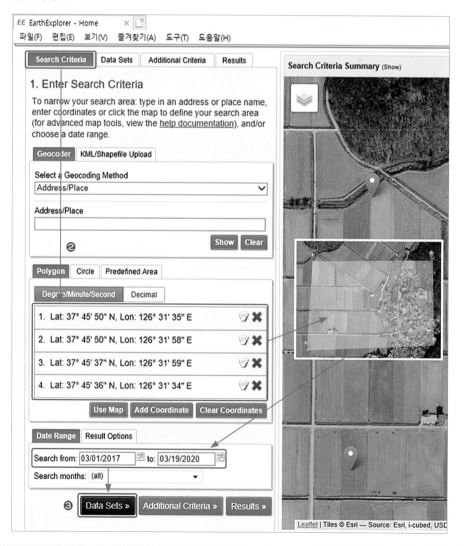

Tip◆ 대상지역 지정은 화면상에 마우스로 지정하거나 Use Map을 클릭하여 화면상에 보이는 전체를
지정하는 방법 등을 이용해도 된다.

❹ Data Sets 탭 – Landsat – Landsat Collection 1 Level – 1 – Landsat 8 OLI/TIRS C1
Level – 1 선택 → ❺ Results 탭 Click

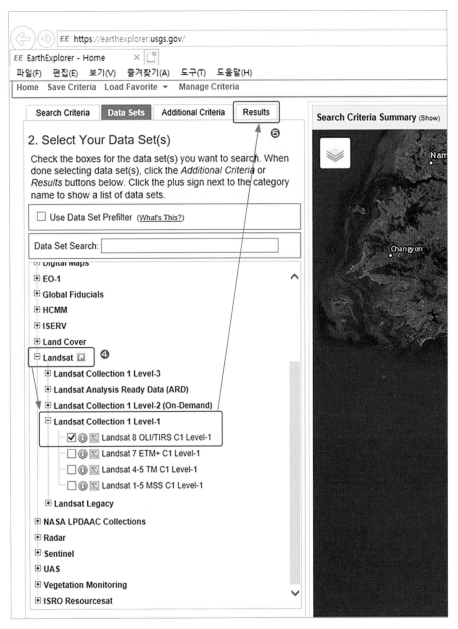

Tip◆ 다양한 위성영상이 있으므로 작업에 필요한 영상을 선택하면 된다. USGS가 미국에서 운영하는
특성이 있는 만큼 대부분은 미국지역의 영상이 많고 특히 Aerial Imagery – High Resolution
Orthoimagery에서는 미국 내 30cm급 영상까지 무료로 얻을 수 있다. 전 세계적으로 지원하는
영상은 Landsat, Sentinel 등으로 많지 않은 것이 현실이다. 그러나 과거의 자료까지 시계열적으로
분석하는 경우라면 Landsat영상 등의 활용은 상당히 효율적일 것이다.

❻ Results 탭 – Show footprint Click : 화면상 영상의 촬영 위치 확인

❼ 영상 Click : 영상 취득일, 좌표계, 해상도 등 영상정보 확인

❽ 다운로드 Click : 해당 영상을 다운로드 할 수 있음

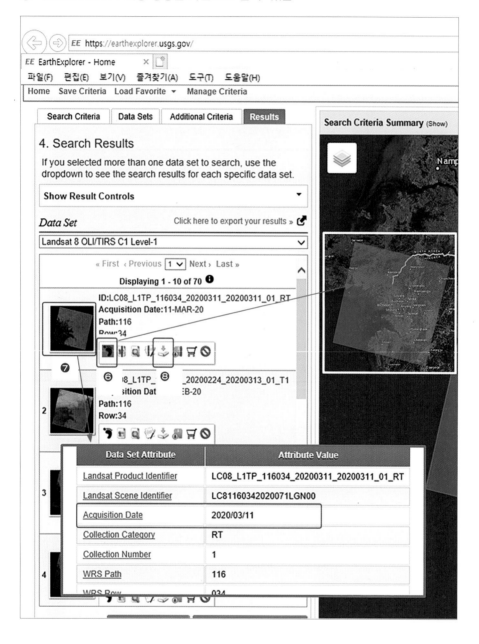

3) 현장야장 앱 활용

QGIS를 이용하여 현장조사를 위한 준비에 활용을 할 수도 있다. 예를 들면 기준점 선점 예상지점이라든가, 현장에서 찾아가야 할 필지가 있다든가, 관리해야 하는 관로가 있는 경우 QGIS를 이용하여 현장조사용 맵을 만들고 이를 USB 또는 MiniSD Card 등에 담아 스마트폰에서 활용하면 된다. 스마트폰에는 구글플레이에서 "QField"라는 앱을 설치해야 한다.(단, iOS체계의 App Store에서는 지원하지 않음)

(– 실습데이터는 국가공간정보포털 → "연속지적도" 검색 → 오픈마켓 → 연속지적도_경기Click → 용인시 다운로드

– 행정표준코드 관리시스템 → (상단의) 코드검색 → 주제별 → 공통 → 법정동 Click → 법정동 코드 전체자료 Click 다운로드)

(1) QGIS프로젝트 만들기

❶ 용인 연속지적도 추가(좌표계 : EPSG:5174)

용인시 연속지적도의 경우 수지구, 기흥구, 처인구의 3개 구청 데이터가 한꺼번에 있어 용량이 크고 현장조사 시 데이터로딩에 시간이 걸릴 수 있으므로 처인구 운학동 데이터만 추출하여 사용하고자 한다. 읍·면·동 등의 더 작은 단위로 추출하면 현장조사 시 시간을 단축할 수 있다.

추출을 위해 법정동 코드를 알아야 하므로 행정표준코드 관리시스템에서 다운 받은 법정동 코드파일을 열어 운학동코드를 조회한다.

❷ 편집 – 찾기 – 운학동 – 다음 찾기 Click

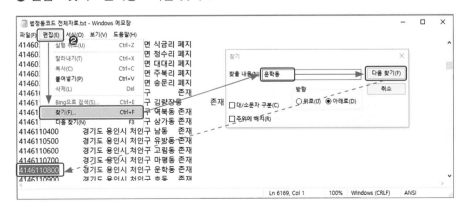

용인시 처인구 운학동의 법정동코드는 4146110800이다.

❸ 해당 레이어 마우스 우클릭 – 속성 테이블 열기 Click

❹ 서식을 이용해서 객체 선택 Click – pnu : 4146110800 – 객체 선택 Click

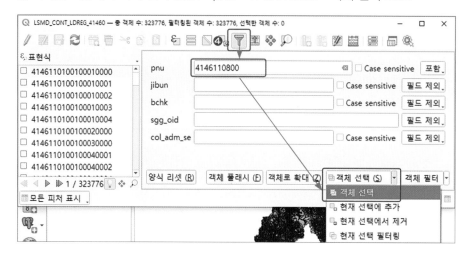

❺ 해당 레이어 마우스 우클릭 – 내보내기 – 선택객체를 다른 이름으로 저장 Click → ❻ 포맷 : shp, 파일 이름 지정, 좌표계 : EPSG:5186, 인코딩 : UTF－8, 내보낼 필드 : jibun – 확인 Click

Tip◆ 1. 인코딩을 반드시 UTF－8로 설정해야 지목 등 한글로 작성된 글씨를 깨지지 않게 볼 수 있다. 인코딩이 너무 많아서 찾기 어려운 경우 앞글자를 키보드에서 입력하면 쉽게 찾을 수 있다. 예를 들어 EUC－KR이라면 'E'를 입력한다.

Tip◆ 2. 본 실습에서는 파일용량을 줄이기 위해 내보낼 필드를 jibun만 선택하였는데, 현장조사 시 필요한 항목이 있다면 필드를 추가로 만들고 내보내면 유용하다.

❼ 해당 레이어 속성 – 심볼 탭[심볼레이어 타입 : 외곽선:단순라인] – 라벨 탭[단일 라벨 – 라벨필드 : jibun]

❽ 기준점 파일 추가(파일 이름 : 기준점 파일.csv, 인코딩: EUC – KR, 파일 포맷 : CSV, X 필드 : 횡선(Y), Y 필드 : 종선(X), 좌표계 : EPSG:5186)

❾ 기준점레이어 속성 – 심볼 탭[크기, 색상 선택] – 라벨 탭[단일 라벨 – 라벨필드 : id – 크기 : 13 – 색상 : 검정 또는 붉은색]

❿ 기준점파일 레이어 마우스 우클릭 – 내보내기 – 객체를 다른 이름으로 저장 Click →
⓫ 형식 : shp, 파일 이름 지정, 좌표계 : EPSG:5186, 인코딩 : UTF – 8 – 확인 Click

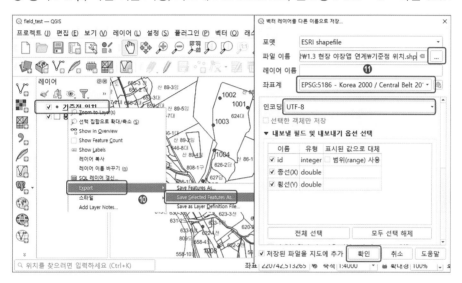

⓬ 연속지적도레이어, 기준점 파일 – 레이어(csv레이어) 제거

Tip ◆ 불필요한 레이어는 제거한다.

⑬ 프로젝트 – 다른 이름으로 저장 Click

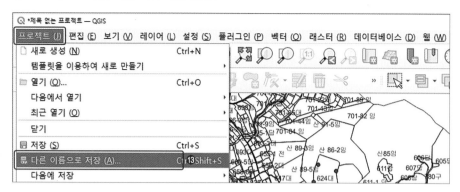

QGIS 작업 시 shp파일과 프로젝트파일(qgz)을 하나의 폴더에 한꺼번에 모아 관리하는 것이 편리하다. 예제파일은 field Test폴더에 필요한 파일만 모아서 관리하였다.

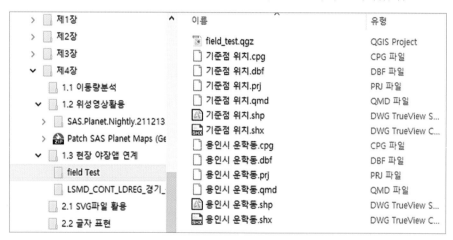

(2) 현장조사

QGIS작업을 통해 작성된 프로젝트파일(*.qgz)과 도면파일(*.shp) 등이 있는 폴더(field Test)를 복사하여 USB 또는 MiniSD 등으로 스마트폰에 복사하여 넣는다.

❶ 폴더 복사 → ❷ Qfield앱 실행 – Open local file Click → ❸ field Test폴더 Click

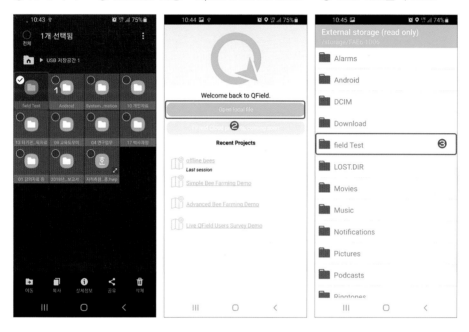

❹ field_test.qgz Click

결과화면과 같이 연속지적도의 지번, 지목 및 기준점의 위치가 정상적으로 보인다.

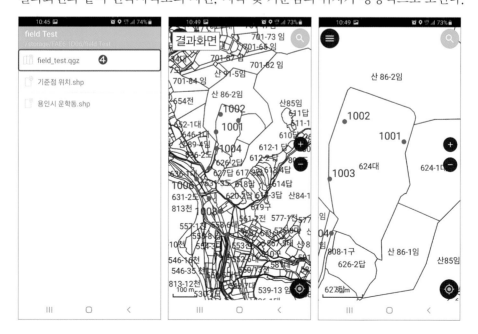

❺ GPS 아이콘 Click(내 위치를 보여 줌) → ❻ 검색 Click → ❼ 기준점번호 입력(1003) →
❽ 지번 입력(626) – 지번 속성( )에서 Zoom to Feature Click하면 해당 지번으로 확대

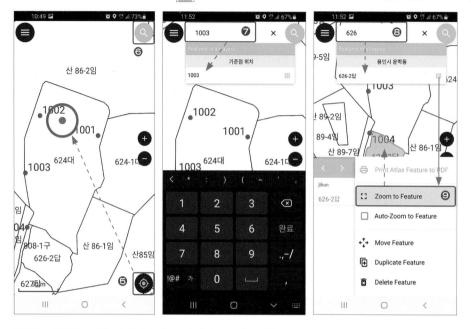

Tip◆ 기준점의 경우 해당 속성을 클릭하면 X, Y좌표값을 알 수 있다.

4) Open API 활용

Open API는 인터넷 이용자가 일방적으로 웹 검색결과나 UI 등을 제공받는 데 그치지 않고
응용프로그램 및 서비스를 개발할 수 있도록 공개된 API를 말한다. 지도 등 다양한 서비스
가 시도되고 있는데, 국토교통부에서 서비스하는 공간정보오픈플랫폼(VWORLD)을 이용하
여 나만의 지도서비스를 만들어 보자.

공간정보오픈플랫폼의 기본데이터는 국가공간정보포털과 연계하여 활용되고 있다. 따라
서 국가공간정보포털에서 받은 데이터와 공간정보오픈플랫폼에서 연계되어 받는 데이터가
거의 동일하다고 보면 된다.

공간정보오픈플랫폼을 이용하기 위해서는 우선 회원가입을 하고 오픈API 인증키를 신청하
여야 한다.

(1) WMTS(Web Map Tile Service, 웹지도타일서비스) 만들기

❶ http://www.vworld.kr에 로그인 – 오픈API Click

❷ 인증키 – 인증키 발급 → ❸ 동의합니다. Click

❹ 서비스 정보 필수입력사항 입력, 활용API : WMTS/TMS API – 지도 인증키 받기 Click

URL : http://www.test.com/map.html

❺ 인증키 관리에서 발급된 인증 Key값을 확인하고 복사한다.

❻ 오픈API – WMTS/TMS API 레퍼런스 Click

Tip ◆ WMS(Web Map Service, 웹지도서비스), WMTS(Web Map Tile Service, 웹지도타일서비스)는 지도 서버에 저장된 지도를 인터넷을 통해 불러오는 방식으로, QGIS에서는 지도 서버의 주소를 알면 그 서버에 저장된 지도를 불러올 수 있는 기능이 있다.

WMTS 등을 활용하기 위해서는 아래에 보는 것과 같이 API 요청URL형식에 따라야 한다. 해당 형식에다 앞에서 발급받은 Key값을 넣으면 서비스를 받을 수 있다.

[WMTS/TMS API 레퍼런스]

❼ QGIS 실행 – 레이어 – 레이어 추가 – WMS/WMTS 레이어 추가 Click

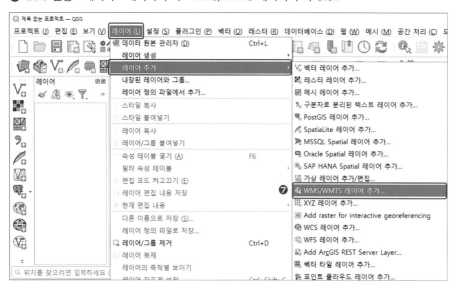

❽ 새로 생성 Click

❾ 이름, URL 입력 – 확인 Click

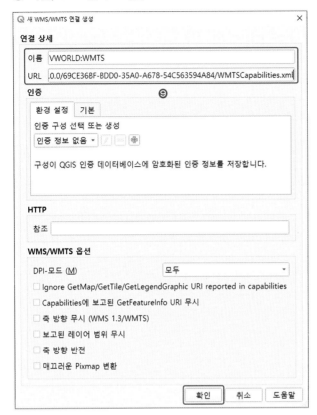

WMTS/TMS API 레퍼런스의 URL 예시 활용

예시 URL 복사

http://api.vworld.kr/req/wmts/1.0.0/{key}/WMTSCapabilities.xml

http://api.vworld.kr/req/wmts/1.0.0/69CE36BF*******594A84/WMTSCapabilities.xml

{key}에 발급받은 인증Key를 붙여 넣어 URL을 완성한다.

❿ 생성된 것 확인 – 타일세트 탭 Click → ⓫ 해당 레이어 선택 – 추가 – 닫기 Click

결과화면과 같이 영상레이어 지도가 작성되었다.

(2) XYZ Tiles서비스 만들기

네이버나 다음 등의 지도는 이 방식으로 지도를 서비스하고 있는데, x와 y는 지도를 구성하는 x좌표와 y좌표라는 의미이고, Z는 배율 zoom의 약자를 말한다. 지도 서버 주소(URL)를 입력하고, z, x, y 순서로 중괄호{ }에 각각의 파라미터값을 입력하여 URL을 완성한다. 지도의 배율을 설정하여 확대/축소 수준을 정할 수도 있다.

본 작업에는 탐색기패널이 필요하다. 작업을 하다 보면 패널을 없애고 작업하거나 패널이 갑자기 없어지는 경우가 있다. 툴바도 마찬가지이다. 이러한 경우 보기 – 패널메뉴에서 해당 패널을 다시 활성화하고 작업을 진행하면 된다.

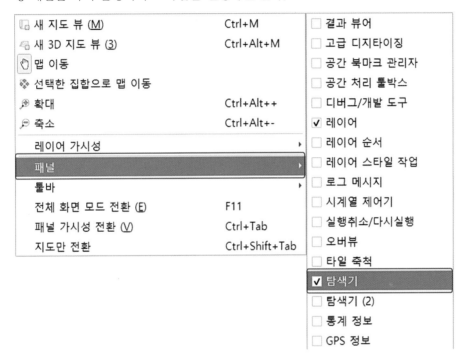

❶ 왼쪽 탐색기 창 – XYZ Tiles – 새 연결 Click

❷ 이름, URL 입력 – 확인 Click

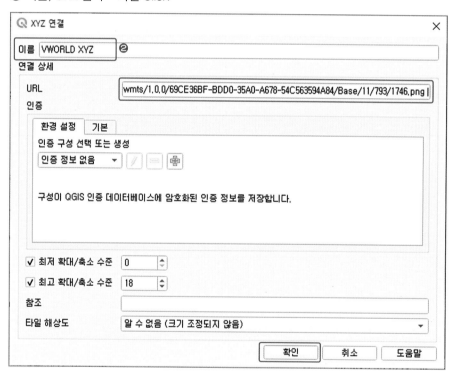

예시 URL 복사

http://api.vworld.kr/req/wmts/1.0.0/{key}/Base/11/793/1746.png

http://api.vworld.kr/req/wmts/69CE36BF*****594A84/Base/{z}/{y}/{x}.png

{key}에 발급받은 인증Key를 붙여 넣어 URL을 완성한다.

 **결과물 작성**

1) SVG파일 활용하기

점데이터를 돋보이게 표현하고자 하는 경우 SVG파일을 이용할 수 있다. thenounproject. com에 가입하면 다양한 SVG파일을 다운 받을 수 있는데, 일반적인 그림파일(JPEG, png 등)과 달리 벡터형태의 그림으로 분리하거나 색상 채움 등이 가능하고 가벼우면서도 선명한 장점이 있다. thenounproject.com 외에도 google 등에서 검색하여 취득하는 방법도 있다. 다만 라이센서는 반드시 확인하고 사용하여야 한다.

실습데이터는 google에서 gas station svg로 검색하여 아래 두 개의 svg파일을 다운 받아 실시한다.

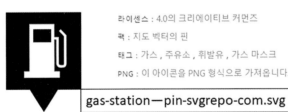

상기 파일은 https://www.svgrepo.com에서 다운 받아 사용하였습니다.

❶ 메뉴 – 웹 – TMS for Korea – Kakao Maps – Kakao Satellite Click
❷ 구분자로 분리된 텍스트레이어 추가 아이콘 Click → ❷ 파일(주유소 위치 정보.csv) 선택 –
인코딩 : EUC – KR – X 필드 : Y좌표, Y 필드 : X좌표 – 도형 좌표계 : EPSG:5186 – 추가 –
닫기 Click

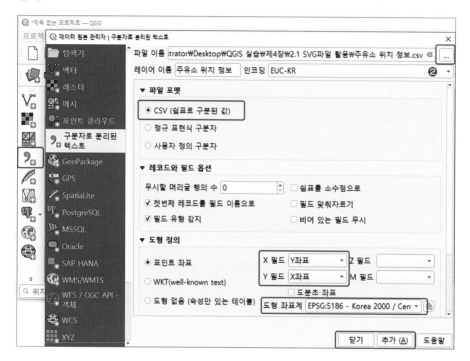

❸ 해당 레이어 마우스 우클릭 – 속성 Click → ❹ 심볼 탭[심볼 레이어 유형 : SVG 마커,
크기 : 12(적당히 조절) – 스크롤바 Down]

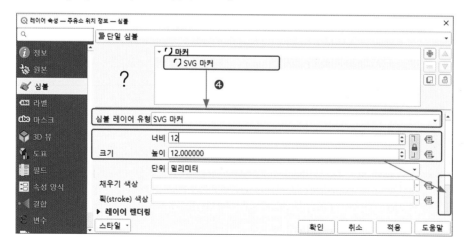

❺ SVG파일 선택(gas – station – pin – svgrepo – com.svg) → ❻ 확인 Click

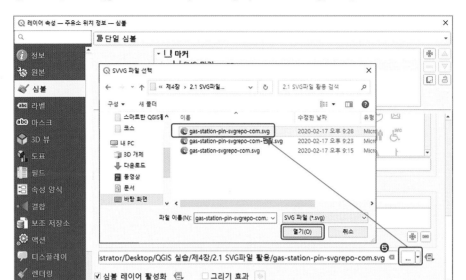

주유소 위치가 SVG파일의 도형으로 표현된다. 다만 SVG파일의 색상을 변경하지 못하는 문제가 있다. 아래 그림과 같이 속성 – 심볼 탭에서 채우기 색상을 클릭하여도 변경이 불가능한 것을 확인할 수 있다. 그 이유는 채우기 색상 선택이 기본 설정값으로 되어 있지 않기 때문이다.

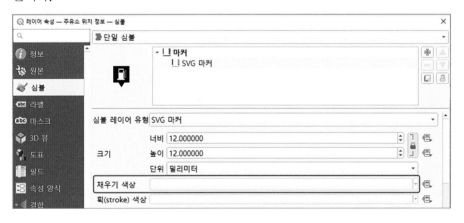

해당 SVG파일을 아래와 같이 메모장으로 열어서 "fill : #010002;"을 "fill : param(fill) #010002;"로 변경한다. 즉, 중간에 param(fill)만 추가한다.

❼ 색상값에 param(fill)을 추가하여 다른 이름으로 저장

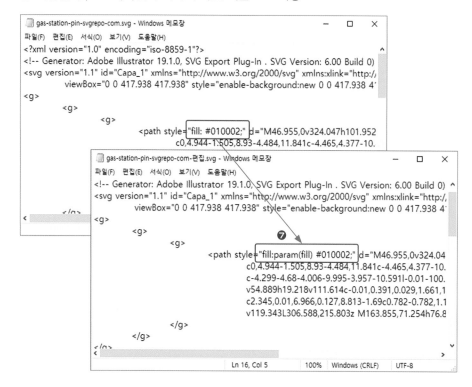

❽ 속성 – 심볼 탭[SVG파일 선택(gas – station – pin – svgrepo – com – 편집.svg), 채우기 색상 : 붉은색] → ❾ 확인 Click

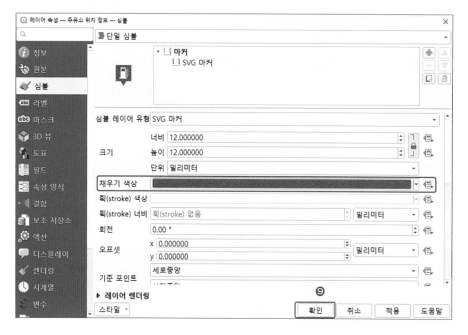

결과화면과 같이 도형의 색상이 변경된 것을 확인할 수 있다. SVG파일마다 색상에 대한 구분이 다를 수 있으므로 상황에 맞게 응용하면 된다.

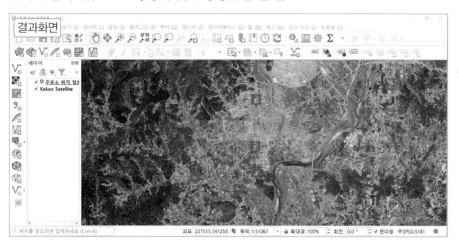

2) 라벨 표현

QGIS에서는 라벨 기능을 이용하여 도면에 다양하게 표현이 가능하다. 그러나 작은 도형에 라벨을 일률적인 크기로 표현하는 경우 도형을 벗어나거나 깔끔하지 않게 표현되는 문제가 있다. 또한 기본적으로 하나의 필드만을 표현하고 있는데, 토지보상업무 등에서는 두 개의 내용을 동시에 표현하는 것이 효율적일 수도 있다. 이번에는 라벨 사용법에 대해 알아보자.

(1) 도형 안에 글자 넣기

아래 그림과 같이 연속지적도 파일(세종시 조치원읍 상리사업지구, EPSG : 5186)을 불러오는 경우 필지 경계선을 벗어나는 때 경계선 안에 라벨이 그려질 수 있도록 해 보자.

❶ 연속지적도파일 입력 – 해당 레이어 마우스 우클릭 – 속성 Click

❷ 라벨 탭 – 단일 라벨 – 값 : JIBUN → ❸ 렌더링 탭 – 객체 내부에 완전히 들어가는 라벨만 그리기 Check

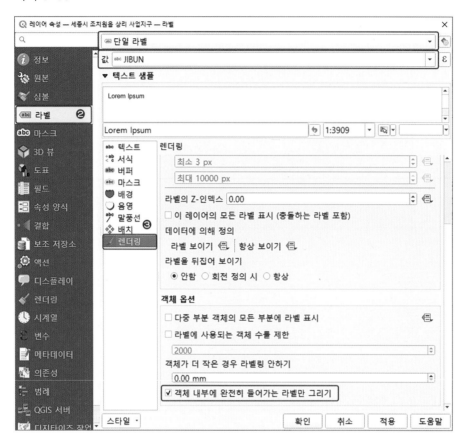

❹ 배치 탭 – 자유롭게(각을 이룸) Check → ❺ 확인 Click

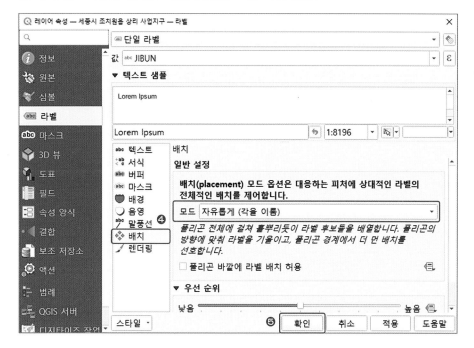

결과화면과 같이 도형 안에 모든 라벨이 표시된 것을 확인할 수 있다.

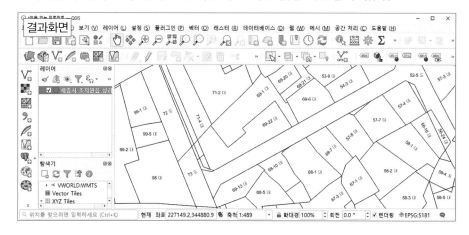

(2) 두 개의 필드 속성 표현

연속지적도파일(세종시 조치원읍 상리사업지구, EPSG:5186)을 불러와서 속성 테이블 열기
를 실시한 결과 아래 그림과 같이 PNU, JIBUN 등 여러 개의 필드가 있음을 확인할 수 있다.
기존에는 하나의 필드만 라벨로 표현하였는데, 이번에는 두 개의 필드(JIBUN, Check)라벨
을 한꺼번에 표현해 보자.

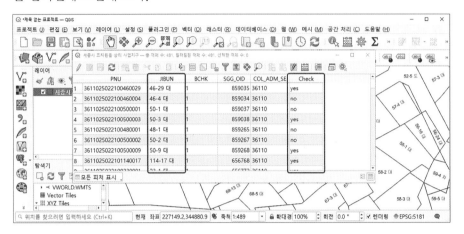

❶ 해당 레이어 마우스 우클릭 – 속성 Click

❷ 라벨 탭 – 단일 라벨 – 표현식 Click – "JIBUN" ‖ '#' ‖ "Check" → ❹ 확인 Click

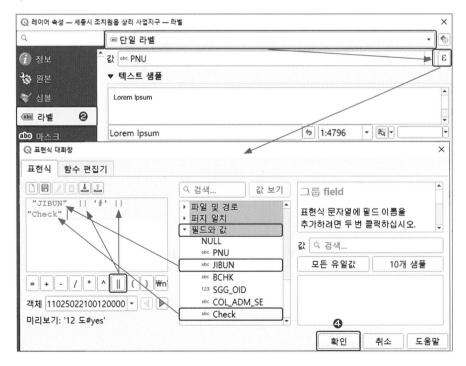

필드와 값 JIBUN 더블클릭 – ‖(수식)클릭 – '#'입력 ‖(수식)클릭 – 필드와 값 Check 더블클릭

❺ 서식 탭 – 줄바꿈 문자 : # – 줄 간격 : 적당히 조정 → ❻ 확인 Click

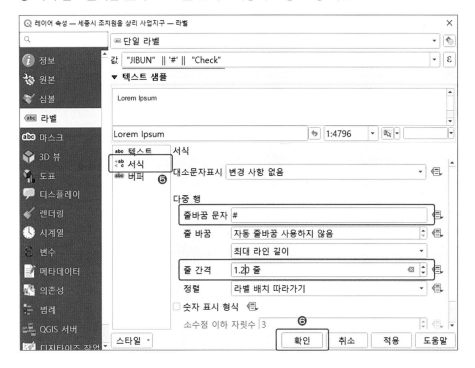

결과화면과 같이 라벨을 두 줄로 표현할 수 있다.

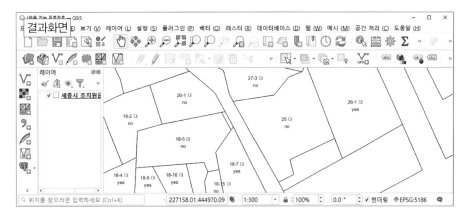

3) 도면출력

작성 또는 분석된 도면의 제명, 방위 등 도면요소를 디자인하여 최종출력물을 제작할 수 있다. 제3장 **03** (3) 구분도를 출력해 보자.

아래와 같이 제3장 **03** (3) 구분도프로젝트를 열거나 세종시 연기리 파일을 열어 구분도 작성작업을 한다.

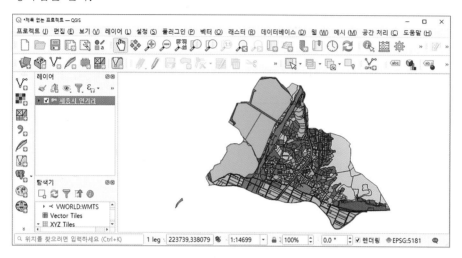

❶ 프로젝트 – 새 인쇄 조판 – '지목구분도' 입력 → ❷ 확인 Click

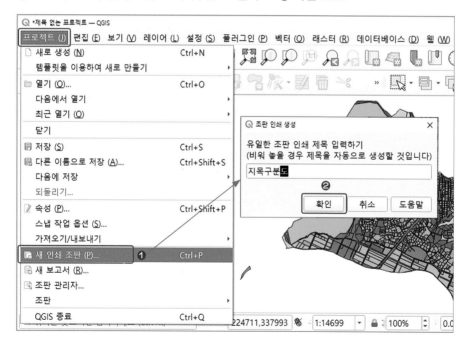

조판에서 주요 사용 기능은 다음과 같다.

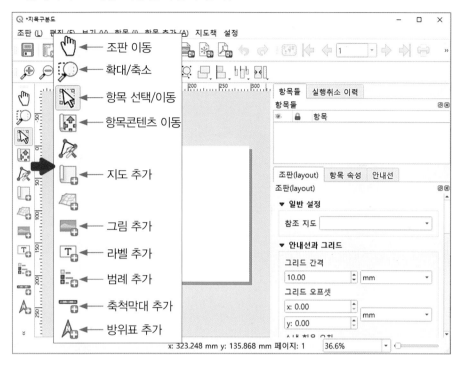

❸ 지도 추가 Click – 지도 입력지점 지정 → ❹ 항목콘텐츠 이동 Click하여 축척을 변경하거나 축척 직접 입력 – 스크롤바 Down

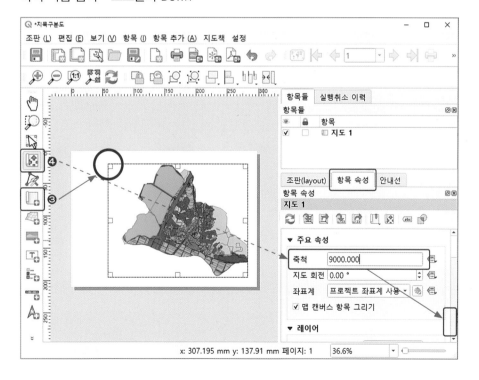

❺ 그리드 – " + "Click – 그리드 수정 Click → ❻ 모양 – 그리드 유형 : 채우기 – 간격 : 밀리미터 – 간격 : X, Y 50 – 스크롤바 Down

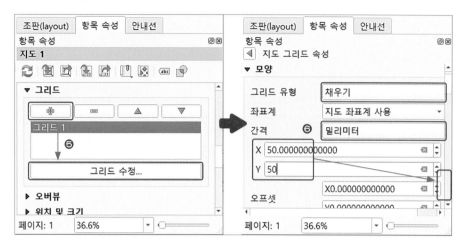

Tip◆ 간격은 도면축척마다 적당하게 지정

❼ 프레임 – 프레임 스타일 : 얼룩무늬, 옵션 지정 – 스크롤바 Down → ❽ Draw coordinates Check – 포맷 : 십진수, 좌표 정밀도 : 0

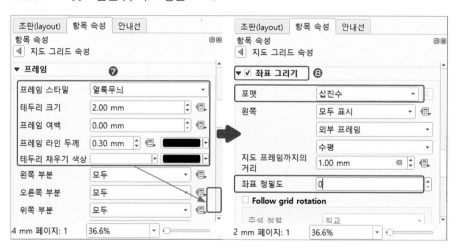

❾ 축척 막대 추가 Click – 입력지점 지정 – 축척 막대 단위 : 미터, 단위용 라벨 : m

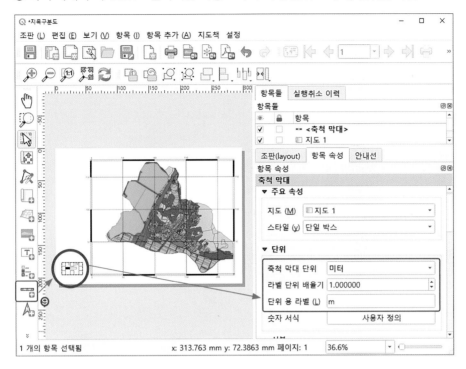

❿ 방위표 추가 Click – 입력지점 지정 – arrows 선택 – 이미지 선택

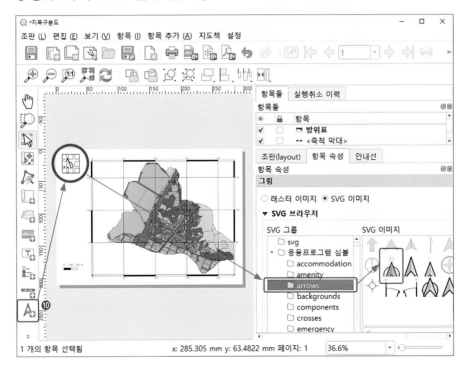

⓫ 범례 추가 Click – 입력지점 지정 – 제목 입력

⓬ 라벨 추가 Click – 입력지점 지정 – 제목 입력 – 모양 – 글꼴, 크기 지정 – 수평, 수직 정렬 : 중앙

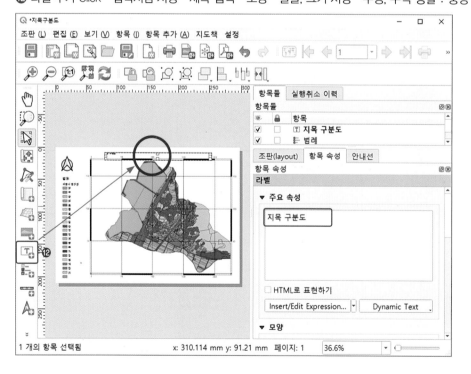

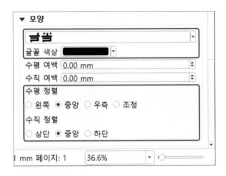

⑬ 프로젝트 – 조판 – 지목구분도 확인됨

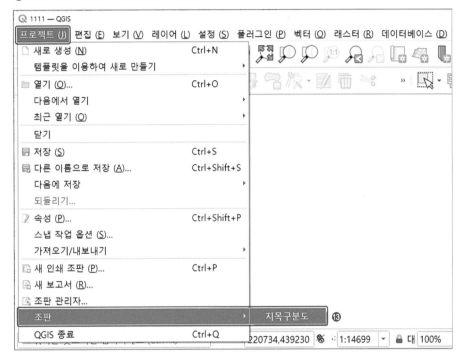

03 실무

1) 위치도면 제작하기

농지전용, 산지전용, 환경영향평가 등 각종 인허가를 위해서는 납품도면으로 위치도면을 제작해야 한다. QGIS를 이용하여 위치도면을 간단하게 제작하여 보기로 하자.

실습파일은 국토지리정보원 – 국토정보플랫폼 국토정보맵 – "수치지형도"를 다운로드(세종시 장군면 일원)

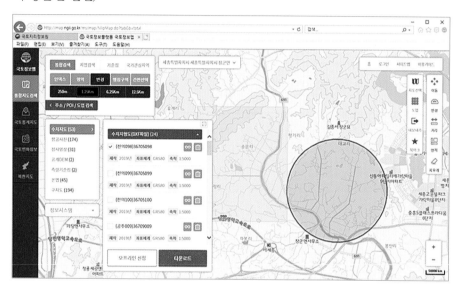

(1) 데이터 입력

❶ 웹 – TMS for Korea – Kakao Maps – Kakao Satellite Click

❷ 벡터레이어 추가 아이콘 Click → ❸ 수치지형도 파일 추가(dxf 파일 2개 입력, EPSG:5186)
→ ❹ 우측 하단의 화면좌표계도 EPSG:5186으로 설정

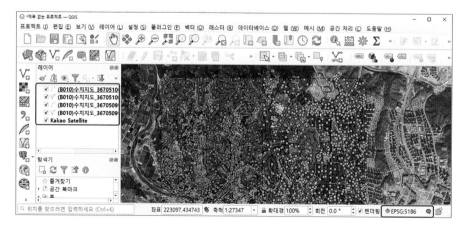

Tip◆ 해당 파일의 3번째 자리 숫자가 6이므로 EPSG:5186으로 설정

❺ 포인트형태의 레이어 선택 – 마우스 우클릭 – 레이어 제거 Click

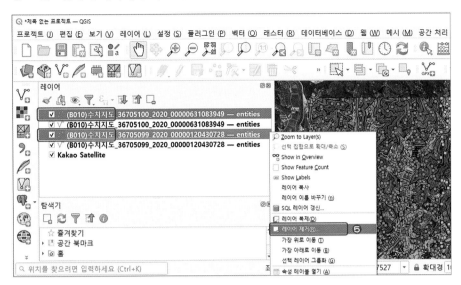

Tip ◈ AutoCAD는 여러 가지 엔티티를 만드는데, 본 작업에서는 포인트데이터형태의 레이어는 사용하지 않으므로 제거한다.

(2) 수치지형도 합치기

여러 개의 수치지형도파일이 있는 경우 하나의 파일로 합쳐 작업하면 편리하므로 벡터레이어 병합 기능을 이용하여 여러 개의 파일을 병합하여 관리한다. 이후 사업지구 경계선을 입력한다.

❶ 벡터 – 데이터 관리 도구 – 벡터 레이어 병합

❷ 병합할 수치지형도레이어 선택 → ❸ 좌표계 : EPSG:5186 → ❹ 저장경로 설정 →
❺ 실행 – 닫기 Click

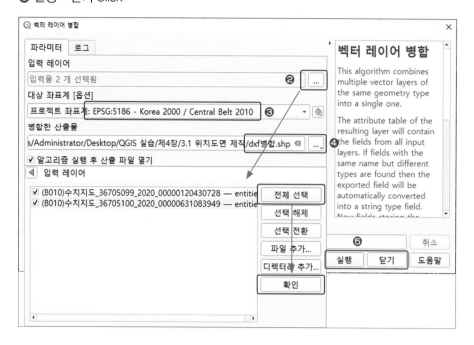

❻ 병합 전 수치지형도레이어 선택 – 마우스 우클릭 – 레이어 제거 Click

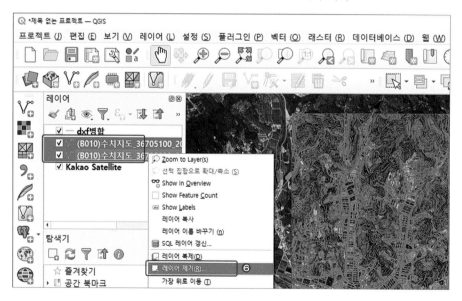

❼ 사업지구 경계선 추가(EPSG:5186) –

속성 설정[심볼레이어 유형 : 외곽선 단순라인, 색상 : 붉은색, 획너비 : 0.7]

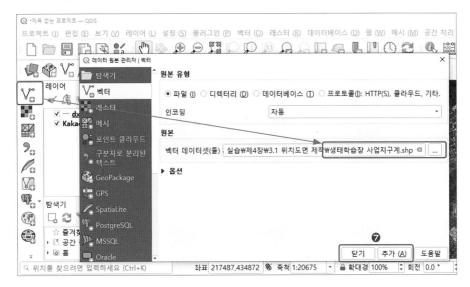

(3) 출력규격 설정 및 출력

일반적으로 인허가서류는 A4사이즈로 작성되므로 조판 기능을 이용하여 출력규격을 설정하고, 출력양식에 필요한 사항을 입력하여 출력한다.

❶ 프로젝트 – 새 인쇄 조판 – 이름 입력 – 확인 Click

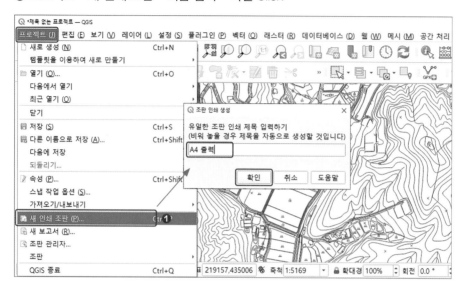

❷ 한글파일에서 보고서 서식에 들어갈 그림박스의 크기(폭, 높이)를 확인하여 페이지 크기 설정

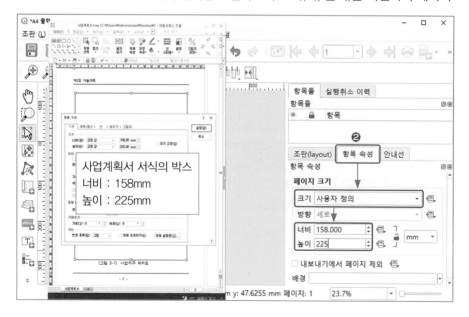

❸ 조판 탭 – 내보내기 설정[래스터로 인쇄, 월드 파일 저장 Check]

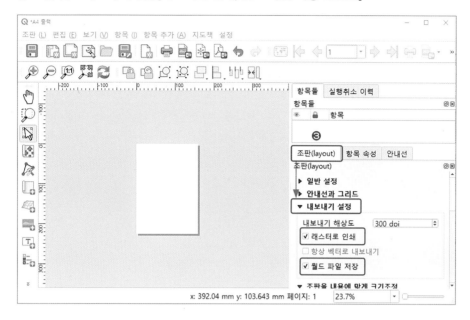

❹ 지도 추가 Click → ❺ 지도 입력지점 선택 → ❻ 항목콘텐츠 이동 Click – 사업지구를 중심으로 맞춤 → ❼ 축척 설정(1/5,000)

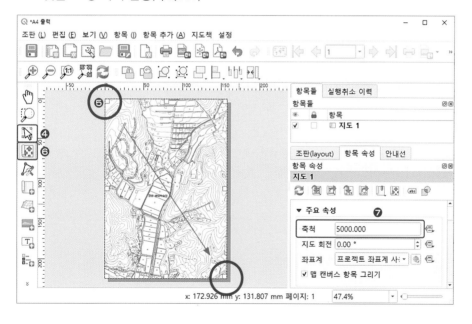

❽ 축척막대 추가 Click – 입력지점 선택 → ❾ 방위표 추가 Click – 입력지점 선택

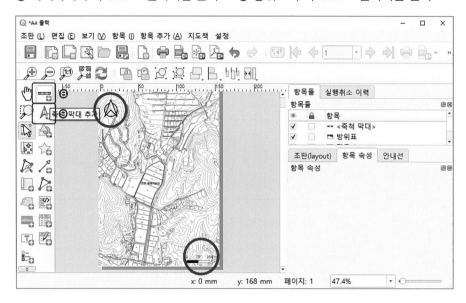

❿ 이미지로 내보내기 Click – 저장경로 지정 후 저장 Click

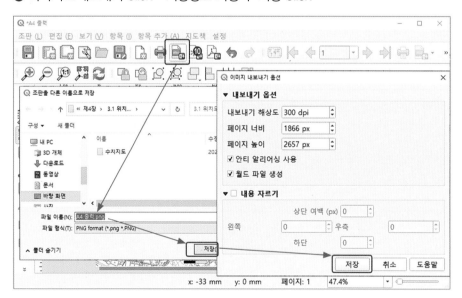

내보내기한 이미지를 사업계획서에 넣으면 아래와 같은 결과를 얻을 수 있다. 지형도를 배경으로 작성하였고, 레이어창에서 Kakao Satellite를 켜고 위성영상을 배경으로도 작성하였다. 업무에 맞게 조판설정하여 작업하면 된다.

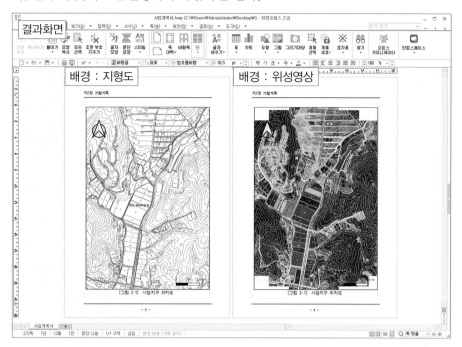

2) 설계 기초자료 작성

건축, 토지개발 등의 사업추진을 위한 설계작업에 필요한 기초자료가 있다. 가장 기초적인 자료로 연속지적도, 지형도, 도시계획도 등 다양한 정보를 무료로 다운 받아 설계 기초자료를 작성해 보기로 하자.

본 작업에 앞서 업무영역에 대한 사전이해가 필요하다. 부동산 거래를 하는 경우 부동산 거래의 중개는 공인중개사가 담당하고, 소유권 권리관계를 정리하는 부동산등기부의 정리는 법무사, 거래에 따른 양도세 및 취득세는 세무사가 담당하여 각각의 전문분야가 정해져 있다. 토지의 개발에 있어서도 지적공부상에 등록되어 있는 토지의 경계를 현장에 복원하는 경계복원측량, 현장의 건축물 등을 지적공부상 경계와 비교하기 위한 지적현황측량 등 지적공부를 기반으로 하는 지적측량은 한국국토정보공사가 담당하고 있고, 건축설계는 건축사사무소에서 담당하고 있으며, 형질변경허가 등을 위한 일반측량은 측량사사무소가 담당한다. 법률 규정에 따라 업무를 수행해야 하며, 이를 위반하는 경우 처벌을 받을 수 있음을 명심해야 한다. 최근 장비 및 기술의 발달로 법령을 준수하지 않고, 개발행위를 하다가 사업이 지연되는 경우가 있으니 법과 절차에 따라 사업을 추진하도록 해야 한다.

이번 작업은 본격적인 설계에 들어가기 전에 설계에 필요한 기초자료를 작성하는 것으로, 본 설계에는 AutoCAD를 사용해야 하는데, 기초자료 등은 대부분 *.shp파일로 작성되어 있으므로 AutoCAD에서 편리하게 활용할 수 있도록 자료를 작성해 보도록 하자.

기초자료로 연속지적도, 도시계획선, 건물통합정보, 등고선, 법정동 동코드 등이 필요하므로 각각 아래의 경로에서 자료를 다운로드 받자.

❶ 연속지적도 : 국가공간정보포털 – "연속지적도" 검색 – 오픈마켓 – 연속지적_세종 Click – 다운로드

❷ 도시계획선
  - 국가공간정보포털 – "국토계획" 검색 – 오픈마켓 – 국토계획/관리지역 Click – 세종 다운로드
  - 국가공간정보포털 – "국토계획" 검색 – 오픈마켓 – 국토계획/농림지역 Click – 세종 다운로드
  - 국가공간정보포털 – "국토계획" 검색 – 오픈마켓 – 국토계획/교통시설 Click – 세종 다운로드

❸ 건물통합정보 : 국가공간정보포털 – "건물통합정보" 검색 – 건물통합정보_마스터 Click – 세종 다운로드

❹ 등고선 : 국가공간정보포털 – "등고선" 검색 – 오픈마켓 "등고선"을 다운로드(세종시는 2번, 10번임)

❺ 행정표준코드관리시스템 – 코드검색 – 주제별 – 공통 – 법정동 Click – 법정동 코드 전체 자료 Click 다운로드

등고선데이터의 경우 전국적인 정보를 제공하기 때문에 지역별로 해당되는 번호를 별도로 안내하고 있다. 안내링크는 아래와 같으며, 2020년 현재 다음 표와 같이 나뉘어 있다. 실습 지역인 세종은 2번, 10번 데이터를 다운 받아 사용한다.

http://www.nsdi.go.kr/lxportal/index.html?menuno=2786&bbsno=32&checkVal=Y#none

국토지리정보원 등고선 데이터 정리(2020년 기준)			
서울	01번, 04번, 05번, 06번	광주	03번, 15번, 16번
경기	01번, 02번, 04번, 05번, 06번, 07번, 09번, 10번, 11번	전남	03번, 04번, 15번, 16번, 17번, 19번
인천	01번, 04번, 05번	대구	02번, 03번, 09번, 12번, 13번
강원	01번, 02번, 04번, 05번, 06번, 07번, 18번	경북	02번, 04번, 06번, 07번, 08번, 09번, 10번, 11번, 12번, 13번, 14번, 19번
충남	01번, 02번, 03번, 09번, 10번, 11번, 12번, 14번	경남	02번, 03번, 04번, 12번, 13번, 14번, 15번, 16번, 19번
충북	01번, 02번, 04번, 06번, 08번, 09번, 10번, 11번, 19번	울산	03번, 04번, 12번, 13번, 19번
세종	02번, 10번	부산	02번, 03번, 04번, 12번, 14번, 19번
대전	11번	울릉	01번, 04번
전북	02번, 03번, 11번, 12번, 14번, 15번, 16번	제주	04번, 17번, 18번

(1) 관리계획 개요

토지에 대한 소유권이 있다는 것은 그 토지를 사용 · 수익 · 처분할 수 있다는 것이다. 그러나, 이러한 행위는 반드시 법률을 따라야 하는데, 토지개발에 있어서는 토지이용계획을 따라야 한다. 토지관련 규제는 너무나 많아서 모두 열거하기는 어렵지만 대표적으로 「국토의 이용 및 관리에 관한 법률」에 의한 도시 · 군관리계획이 있다. 우리는 이를 일명 도시계획 또는 도면으로 만들어진 것을 도시계획선이라 하고 있다.

관리계획은 도시지역과 비도시지역의 개발 및 정비, 보전을 위해 수립하는 계획으로 다음과 같이 나뉜다.

❶ 용도지역 · 용도지구의 지정 또는 변경에 관한 계획
❷ 개발제한구역, 시가화조정구역, 도시자연공원구역, 수산자원보호구역의 지정 또는 변경에 관한 계획
❸ 기반시설의 설치 · 정비 또는 개량에 관한 계획
❹ 도시개발사업이나 정비사업에 관한 계획
❺ 지구단위계획의 지정에 관한 계획과 지구단위계획
❻ 입지규제최소구역의 지정에 관한 계획과 입지규제최소구역계획

위의 관리계획이 수립되면, 토지개발에 있어서 해당되는 규제를 받게 된다. 물론 위의 ❶~
❻의 모든 사항이 규제되는 것은 아니며, 이 중에서 몇 가지만 지정되거나 용도지역만 지정
될 수 있다.[1] 따라서 건축 등의 설계에 있어서 해당 토지의 관리계획을 사전에 파악하는 것
이 중요하다. 지번별 토지이용규제를 확인할 수 있는 다양한 앱들 중에서 가장 편리한 앱으
로, 한국국토정보공사에서 제공하는 랜디−i를 소개한다. 물론 시차가 있을 수 있기 때문
에 구체적인 사항은 해당 지자체에서 제공하는 공적 서류에 따라야 한다. (iOS체계의 App
Store에서도 지원함)

---

1) 출처 : 공민달, 『토지건물 그리고 국토이야기』, 부연사, 2020, 94−95면.

[랜디-i 활용법]

〈지번 검색〉

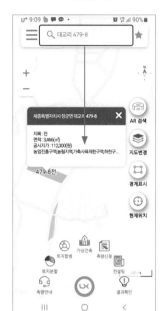

〈기본정보 확인〉

〈용도지역지구, 시뮬레이션, 가상건축〉

〈가상 건물 배치 및 분석〉

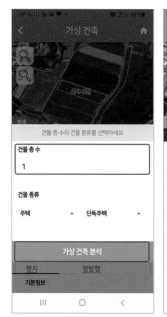

랜디 – i 등으로 확인하면 해당 지역의 토지이용규제를 확인할 수 있는데, 본 실습지역은 용도지역상 "농림지역"이며, 도시외곽지역이므로 "관리지역"에 해당한다. 따라서 앞에서 필요한 자료로 국토계획/농림지역, 관리지역의 데이터를 받은 것이며, 기반시설에 대한 정보도 필요하여 국토계획/교통시설을 다운 받았다.

국가공간정보포털에서 "국토계획"으로 검색하면 아래와 같이 용도지역·용도구역 등의 지정정보를 다운 받을 수 있다. 해당 지역에 맞는 자료를 수집하여 설계업무에 활용하면 된다.

(2) 연속지적도 입력

❶ 웹 – TMS for Korea – Kakao Maps – Kakao Satellite Click

❷ 벡터레이어 추가 아이콘 Click → 연속지적도 입력(EPSG:5174)

세종시 전체 데이터로 작업하는 경우 느려지는 경향이 있으므로 사업지구인 세종특별자치
시 장군면 대교리 479 – 8 인근이 포함된 '장군면'의 법정동 코드를 검색한 결과 "36110350"
이다. 장군면만 추출하여 저장한 후 작업하기로 하자.

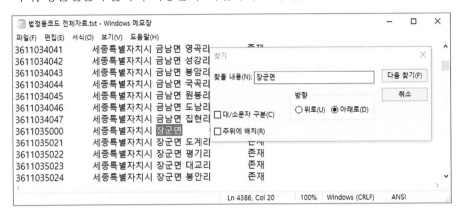

Tip◆ 장군면은 3611035000이며, 장군면 대교리는 3611035023임

❸ 해당 레이어 마우스 우클릭 – 속성 테이블 열기 Click → ❹ 서식을 이용하여 객체 선택
Click – pnu : 36110350 – 객체 선택 – 닫기 Click

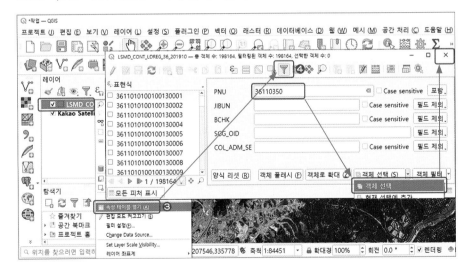

❺ 해당 레이어 마우스 우클릭 – 내보내기 – 선택객체를 다른 이름으로 저장 Click

❻ 포맷 : shp, 파일 이름 지정, 좌표계 : EPSG:5174, 인코딩 : EUC – KR – 확인 Click

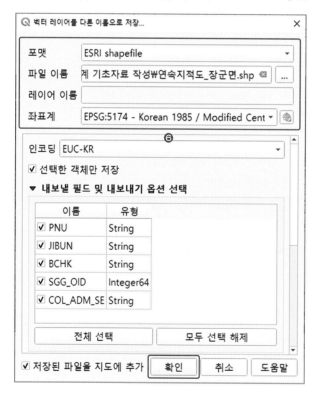

❼ 세종시 전체 연속지적도 레이어 제거

→ 연속지적도 장군면 속성 설정[심볼 탭 – 심볼레이어유형 : 외곽선 : 단순 라인, 획 너비 : 0, 라벨 탭 – 단일 라벨, JIBUN, 글꼴 등 선택]

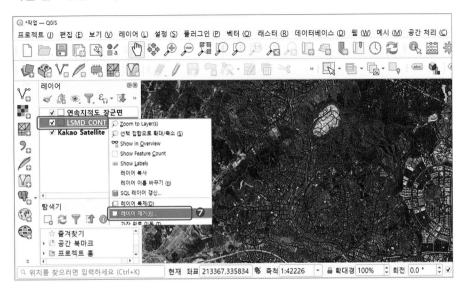

(3) 사업지역 확인하기

사업지역이 어디인지 알아야 필요한 자료들이 제대로 갖춰져 있는지 확인할 수 있으므로 사업지역 지번으로 검색한다.

❶ 연속지적도 장군면레이어 마우스 우클릭 – 속성 테이블 열기 Click → ❷ 서식을 이용해서 객체 선택 Click – JIBUN : 479 – 8 – 포함 – 객체 선택 Click

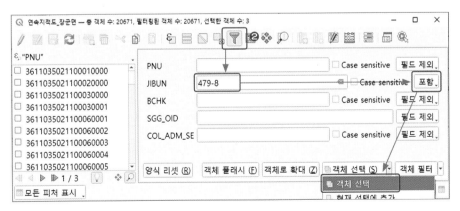

❸ 오른쪽 하단에서 '선택한 피처 표시' 선택 – 현재 피처로 자동확대/축소 – 3611035023104790008 Duble Click(장군면 대교리이므로 3611035023이 있는 필드가 대교리임)

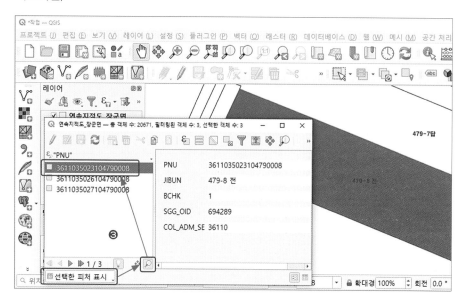

(4) 도시계획 도면 입력

국가공간정보포털에서 다운 받은 관리지역, 농림지역, 교통시설 등 관리계획(토지이용규제) 도면을 입력한다.(EPSG:5174)

레이어는 가장 아래쪽에 위성영상 – 관리지역 – 농림지역 – 연속지적도 – 교통시설 순서로 중첩하여 정리하였다.

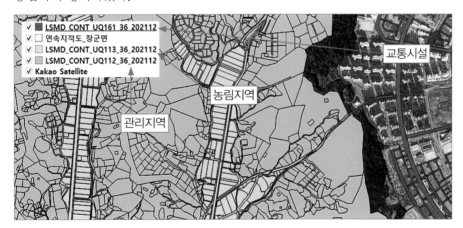

사업지역 오른쪽에는 붉은색의 교통시설이 있는 것으로 확인되나 사업지구에 인접된 별도의 교통시설계획은 없는 것으로 파악된다. 계획된 교통시설 이외에도 건축 등 사업지역에 진입하기 위해 법정도로(건축법, 도로법 등)가 존재하는지, 존재하지 않는다면 비법정도로(사도, 현황도로, 통로, 농로 등)를 이용하여 진입이 가능한지, 비법정도로에 의해 건축이 가능한지 여부를 해당 지자체에 사전에 확인하여 설계를 하여야 한다.

국가공간정보포털에서 제공하고 있는 연속지적도는 토지(대표적인 축척 1/1,200), 임야(대표적인 축척 1/6,000)별로 등록되어 있는 여러 도면을 하나의 전산파일로 작성한 것이다. 연속지적도의 기초인 지적도는 축척별, 도면별(도곽)로 작성되어 있는데, 토지조사사업의 성과로 지적도 도면에 작성(1918년 이후)되어 관리되다가 2000년 이후에 이르러서야 전산화가 되었다. 따라서 도면의 신축, 축척별 접합 등으로 연속지적도상 폴리곤의 면적과 지적공부에 등록된 면적의 차이가 발생할 수 있다. 이때 면적의 기준은 지적공부상 등록된 면적을 기준으로 한다는 것을 유념해야 한다. 당연히 건축허가도 지적공부상 면적을 기준으로 하며, 등기부상 면적도 지적공부상 면적을 따른다.

(5) 사업지구계 도면 및 건물 도면 입력

사업지구계 도면 및 국가공간정보포털에서 다운 받은 건물통합정보_마스터 도면을 입력한
다.(EPSG:5174)

❶ 사업지구계 레이어 속성 설정[심볼 탭 – 심볼 레이어 유형 : 외곽선 : 단순 라인, 라벨 탭 – 단
일 라벨, 색상, 글꼴 등 선택]

❷ 건물통합정보 레이어 속성 설정[심볼 탭 – 심볼 레이어 유형 : 외곽선: 단순 라인, 획 너비: 0,
라벨 탭 – 단일 라벨, GRND_FLR, 글꼴 등 선택]

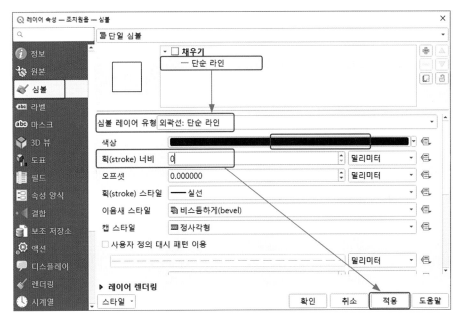

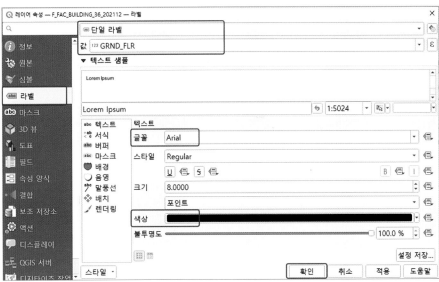

Tip◆ 국가공간정보포털에서 건물통합정보_마스터의 테이블정의서를 확인하면 아래와 같이 다양한 컬럼이 존재한다. 건축물대장에 등록된 다양한 정보 가운데, 건축 등의 설계를 위해서는 주변 건축물의 층수나 높이 등의 확인작업이 필요하므로 본 교재에서는 "GRND_FLR"을 라벨로 표현하였다.

컬럼ID	컬럼명	타입	길이(Byte)
UFID	UFID	VARCHAR2	28
BLD_NM	건물명칭	VARCHAR2	150
DONG_NM	동명칭	VARCHAR2	150
GRND_FLR	건물통합_지상층수	NUMBER	5
UGRND_FLR	건물통합_지하층수	NUMBER	5
PNU	토지코드	VARCHAR2 (19)	19
ARCHAREA	건물통합건축면적	NUMBER	28,9
TOTALAREA	건물통합_연면적	NUMBER	28,9
PLATAREA	건물통합대지면적	NUMBER	28,9
HEIGHT	건물통합_높이	NUMBER	28,9
STRCT_CD	구조	VARCHAR2 (2)	2
USABILITY	용도	VARCHAR2 (5)	5

다음 결과화면과 같이 표현되며, 화면상 표현이 쉽도록 Kakao Street레이어를 추가하고, 도시계획레이어를 보이지 않도록 하였다.

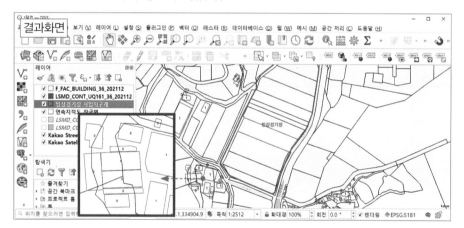

건물에 라벨로 보이는 층수는 도시 외 지역이어서 대부분 1층이며, 도시지역은 2~4층 이상의 건축물이 많을 것이다. 다만 0으로 표시되는 건물은 건축물대장에 층수 정보가 반영되어 있지 않았거나 건축법상 건축물이 아닌 구조물 등인 경우가 있으므로 현장확인이 필요한데, 네이버나 카카오맵에서 거리뷰 또는 로드뷰 확인 결과 아래와 같이 상단의 작은 건축물은 화장실(붉은색 원)로 판단되며, 상단의 큰 건축물은 폐축사(녹색 원)로 확인되었다. 작은 건축물은 대부분 확인이 불필요하지만 큰 건축물은 확인하여 설계에 참고하는 것이 바람직하다.

(6) 등고선 입력 및 설계 기초자료 저장

국가공간정보포털에서 다운 받은 등고선을 입력한다.(EPSG:5181) 등고선을 입력하면 아래
와 같이 상당히 넓은 범위를 표현하므로 필요한 만큼만 잘라 사용하는 것이 유용하다.

❶ 레이어 – 레이어 생성 – 새 Shapefile 레이어 Click

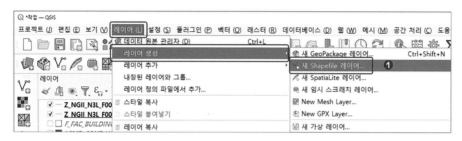

❷ 파일 이름 지정, 파일 인코딩 : EUC – KR, 도형 유형 : 폴리곤, 좌표계 : EPSG:5181 – 확인
Click

❸ 해당 레이어 편집모드 켜기 편집 → 직사각형 추가 – 범위로부터 직사각형 추가 Click → 사업지구가 포함되도록 직사각형 범위 선택 – id 번호 입력 – 확인 Click → 편집모드 끄기 Click

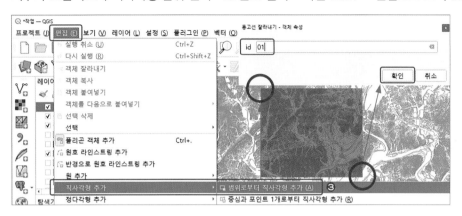

❹ 벡터 – 지리 정보 처리 도구 – 잘라내기 Click → ❺ 입력 레이어 : 등고선레이어, 중첩 레이어 : 잘라낼 범위레이어, 파일 이름 지정 → 실행 – 닫기 Click[등고선레이어 2개 모두 작업 실시]

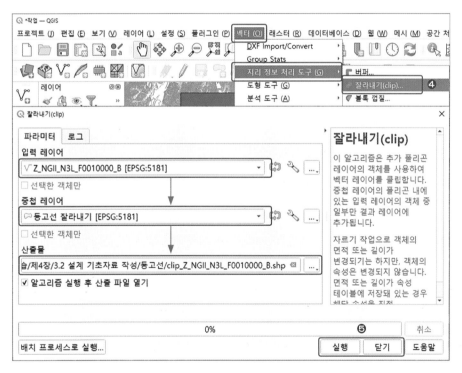

❻ 필요 없는 레이어 선택 – 마우스 우클릭 Click – 레이어 제거 Click

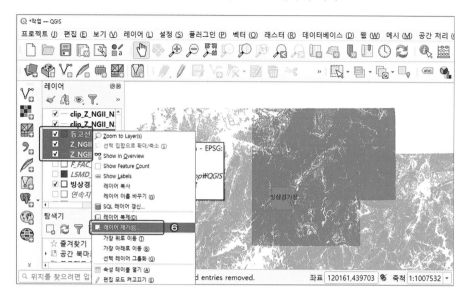

❼ 등고선레이어 속성편집

국가공간정보포털의 테이블정의서를 확인하면 등고선의 필드는 아래와 같이 구성되어 있으며, 등고선의 수치는 'CONT'필드에 기재되어 있는 것을 확인할 수 있다.

항목ID	항목 명	데이터타입	KEY	Not Null	비고
UFID	UFID	VARCHAR2(34)	PK	NN	
DIVI	구분(설명)	VARCHAR2(50)			
CONT	등심수치	NUMBER(7,2)			
SCLS	통합코드	VARCHAR2(8)		NN	참조
FMTA	제작정보	VARCHAR2(9)		NN	참조

라벨 탭 – 단일 라벨, 값 : CONT – 적용 – 확인 Click

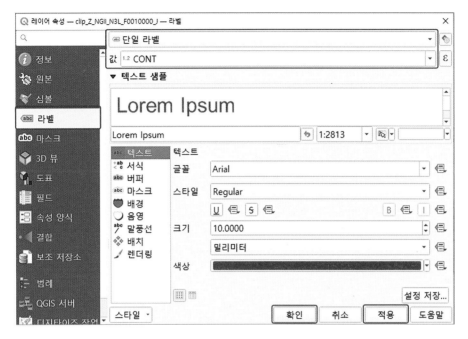

현재까지 작성된 자료를 저장하기 위해 저장방법은 다음과 같이 프로젝트 전체를 DXF로 저장하는 방법(저장1)과 각 레이어별로 DXF로 저장하는 방법(저장2)이 있다.

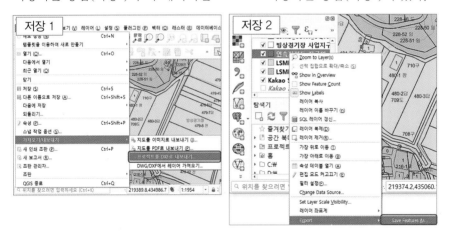

저장 1의 경우 모든 레이어가 CAD에서도 동일하게 구성되는 장점이 있으나 저장에 시간이 걸리고 버전별로 다운현상이 일어나는 경우가 있다. 특히 본 교재에서 사용한 3.22.1버전은 최신 버전으로 해당 버그가 해소되지 않은 것으로 판단된다. 저장 2의 경우 저장은 잘되나 인코딩설정에 문제가 발생하기도 하며, CAD에서도 각각의 레이어를 설정해야 하는 불편함이 있다. 따라서 본 교재에서는 안정화 버전인 3.16.14버전에서 데이터를 다시 입력하여 내보내기를 하였다.

❽ 각 레이어별 속성 설정

구분			레이어
심볼 탭	단일심볼 – 심볼레이어 유형	외곽선 : 단순라인	연속지적도
	획 너비	0	교통시설 건물통합정보 등고선
라벨 탭	단일라벨	값 : JIBUN	연속지적도
		값 : GRND_FLR	건물통합정보
		값 : CONT	등고선
	텍스트 탭 – 글꼴, 크기	Arial, 6~8	연속지적도 건물통합정보 등고선
	서식 탭 – 다중행 – 정렬	중앙	연속지적도 건물통합정보 등고선

❾ 프로젝트 – 가져오기/내보내기 – 프로젝트를 DXF로 내보내기 Click

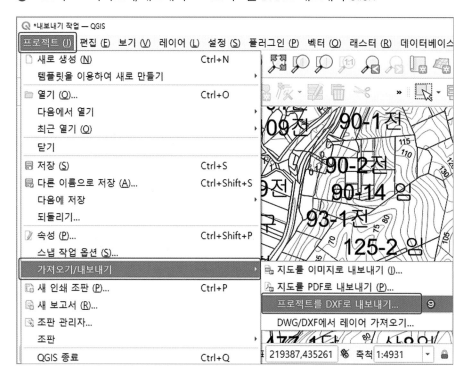

⑩ 파일 이름 지정 – 심볼 모드 : 객체 심볼, 심볼 모드 스캐일 : 1:1000, 인코딩 : CP949, 좌표
계 EPSG:5186 – 확인 Click

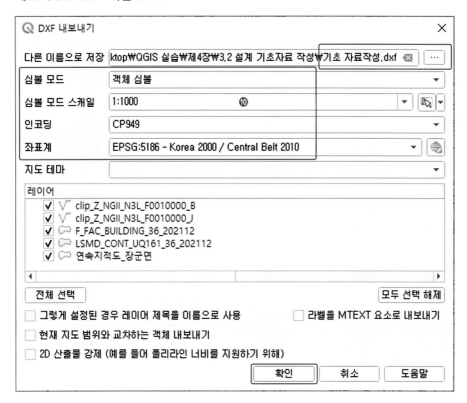

> **Tip◆** 인코딩은 CP949로 설정하여야 CAD에서 한글을 인식할 수 있다. 현재 3.22.1버전에서는 CP949가
> 없는 문제가 있다. 좌표계는 최근 세계측지계 기반으로 도면이 관리되고 있어 EPSG:5186으로
> 설정하였다. 서부(EPSG:5185) 또는 동부(EPSG:5187)는 각각의 지역에 맞추어 내보내면 된다.

❶ CAD에서 DXF파일을 입력

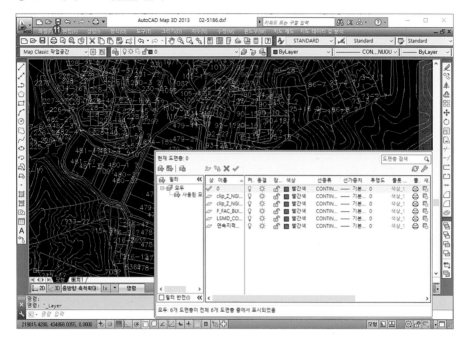

Tip◆ QGIS작업과 동일하게 레이어별로 나뉘어져 있음을 확인할 수 있다. 연속지적도 등은 색상을 흰색/검은색으로 맞추면 화면에서 잘 보인다.

화면상에 문자가 제대로 표현되지 않는 경우에는 다음과 같이 해 보자.

❷ 형식 – 문자 스타일 Click

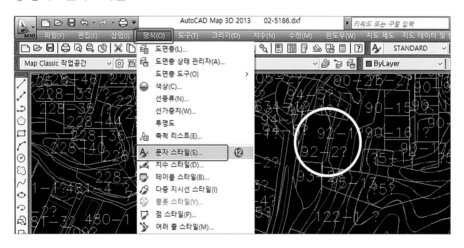

⑬ 글꼴 : txt.shx, 큰 글꼴 사용 Check, whgtxt.shx – 적용 Click

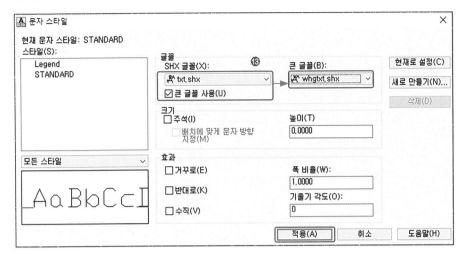

Tip ◆ CAD에서 글꼴이 깨지는 경우 위와 같이 설정하면 대부분 해결된다.

결과화면과 같이 준비가 되면 설계를 시작한다.

3) 건축물노후도도면 제작

최근 도시재생사업 등이 화두가 되면서 도시정비에 대한 관심이 높아지고 있다. 이러한 도시의 문제를 해결하기 위해 다양한 데이터가 필요하겠지만, 그중에서도 가장 기본이 되는 것이 건축물의 노후도를 쉽고 편리하게 가시적으로 살펴볼 수 있는 건축물노후도도면일 것이다.

이번에는 연속지적도와 위성영상에 중첩하여 건축물노후도도면을 제작하고자 한다. 연속지적도와 건축물도면은 작업의 편리를 위해 특정 행정구역만 추출하여 작업하고자 한다.(세종특별자치시 조치원읍만 추출)

본 작업에 필요한 자료는 각각 아래의 경로에서 다운 받자.

- 연속지적도 : 국가공간정보포털 – "연속지적도" 검색 – 오픈마켓 – 연속지적_세종 Click – 다운로드
- 건물통합정보 : 국가공간정보포털 – "건물통합정보" 검색 – 건물통합정보_마스터 Click – 세종 다운로드
- 읍면동 : 국가공간정보포털 – "행정구역" 검색 – 행정구역_읍면동(법정동) – 세종 Click – 다운로드
- 행정표준코드 관리시스템 – 코드검색 – 주제별 – 공통 – 법정동 Click – 법정동 코드 전체 자료 Click 다운로드

❶ 세종 연속지적도 추가(EPSG:5174)한 후 법정코드를 확인하여 조치원읍(3611025)만 추출 → ❷ 조치원읍레이어(EPSG:5174, 심볼 탭 – 심볼 레이어 유형 : 외곽선 : 단순 라인)

❸ 건물통합정보 추가(EPSG:5174) → ❹ 행정구역(읍면동)레이어 추가(EPSG:5179, 라벨 탭 – 단일 라벨, 값 : EMD_NM)

❺ 영역 개체 선택 Click – 조치원읍 행정구역 경계 선택(노란색으로 바뀜) → ❻ 행정구역레이어
마우스 우클릭 – 내보내기 – 선택객체를 다른 이름으로 저장 Click

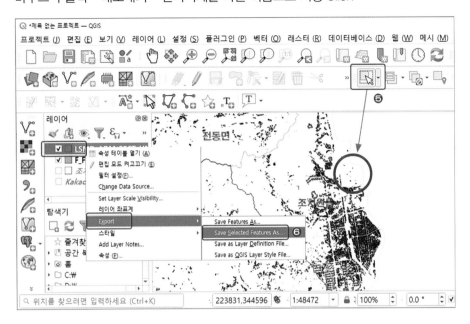

❼ 조치원읍경계 다른 이름으로 저장

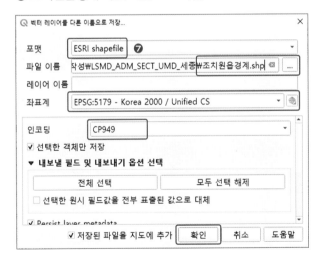

❽ 벡터 – 지리 정보 처리 도구 – 잘라내기 Click → ❾ 옵션 설정(입력 레이어 : 건물레이어,
중첩 레이어 : 조치원읍경계, 산출물 : 건물_조치원읍) – 실행 – 닫기 Click

결과화면과 같이 불필요한 레이어는 제거하여 필요한 레이어만 남긴다.

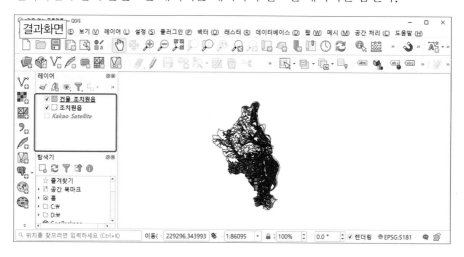

건물통합정보의 테이블정의서를 확인하면, "USEAPR_DAY"가 건축물준공 승인일이므로 이
를 기준으로 노후도를 판단할 수 있다.

No	컬럼ID	컬럼명	타입	길이(Byte)
1	UFID	UFID	VARCHAR2	28
16	USEAPR_DAY	승인일자	VARCHAR2	8
17	REGIST_DAY	데이터생성_변경일자	VARCHAR2	8
18	GB_CD	구분	VARCHAR2	2
19	VIOL_BD_YN	위반건축물	VARCHAR2	2

⑩ 건물_조치원읍레이어 선택 – 필드 계산기 Click

⑪ 새로운 필드 생성 Check, 산출 필드 이름 : 승인년도, 표현식 : left("USEAPR_DAY",4) → 확인 Click

[left("USEAPR_DAY",4)]

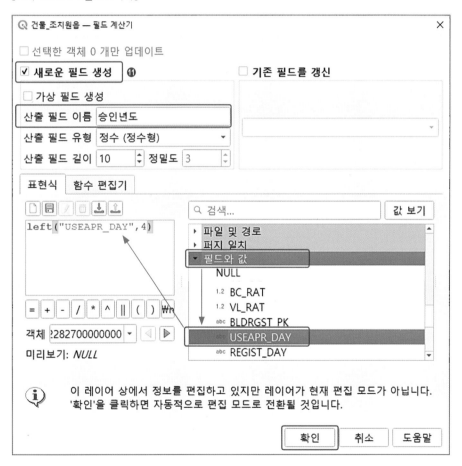

⑫ 건물_조치원읍레이어 속성 – 심볼 탭 – 단계 구분, 값 : 승인년도, 정밀도 : 0, 분류 : 6(분류 수준) – 분류 Click → 적용 – 확인 Click

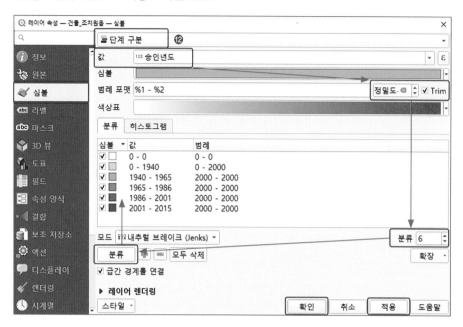

결과화면과 같이 연속지적도 또는 위성영상을 배경으로 하는 건물노후도도면을 제작할 수 있다.

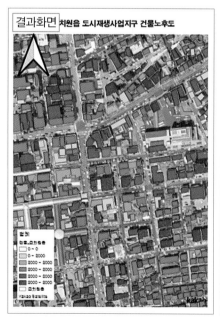

4) 기준점 밀도 분석

제2장 **01** 6)에서 보로노이폴리곤과 델로네삼각분할방법으로 시각화하여 기준점 현황을
분석하였다. 이번에는 동일한 데이터를 이용하여 그리드를 생성하고, 그리드 내 포함되는
기준점 개수를 이용하여 공간밀도를 분석해 보자.

(1) 그리드 생성

❶ 웹 – TMS for Korea – Kakao Maps – Kakao Street Click → ❷ 기준점_세종.shp 추가
(EPSG:5186)

❸ 벡터 – 조사 도구 – 그리드 생성 Click

❹ 그리드 생성 옵션 설정 – 실행 – 닫기 Click

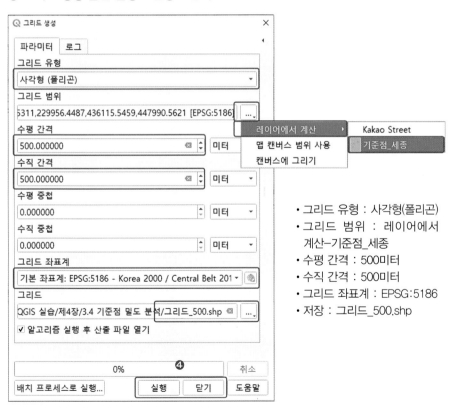

· 그리드 유형 : 사각형(폴리곤)
· 그리드 범위 : 레이어에서
  계산–기준점_세종
· 수평 간격 : 500미터
· 수직 간격 : 500미터
· 그리드 좌표계 : EPSG:5186
· 저장 : 그리드_500.shp

(2) 셀 내 기준점 개수 구하기

각 셀 내 포함되는 개수를 구해 보자.

❺ 벡터 – 조사 도구 – 위치로 선택 Click

❻ 위치로 선택 옵션 설정 – 실행 – 닫기 Click

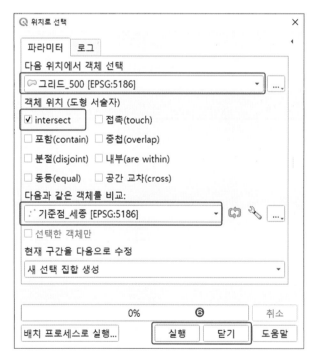

• 다음 위치에서 객체 선택 : 그리드_500
• 객체 위치 : intersect
• 다음과 같은 객체를 비교 : 기준점_세종

객체가 선택된 셀은 노란색으로 표현되므로 선택된 셀만 다른 이름으로 저장한다.

❼ 그리드_500레이어 마우스 우클릭 – 내보내기 – 선택객체를 다른 이름으로 저장 Click

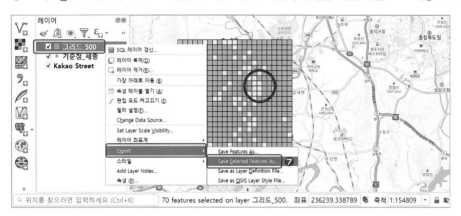

❽ 그리드_500_poly [EPSG:5186] – 확인 Click

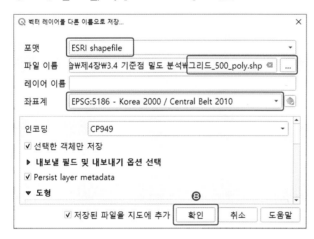

❾ 벡터 – 분석 도구 – 폴리곤에 포함하는 포인트 개수 계산 Click

⑩ 옵션 설정 – 실행 – 닫기 Click

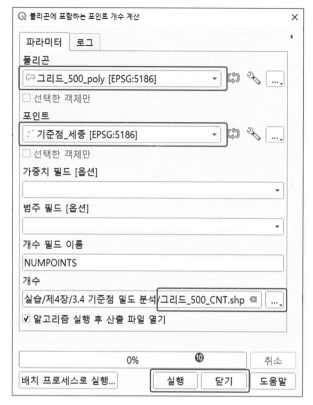

- 폴리곤 : 그리드_500_poly
- 포인트 : 기준점_세종
- 저장 : 그리드_500_CNT

⑪ 그리드_500_poly레이어 – 속성 설정[심볼 탭 – 단계 구분, 값 : NUMPOINTS, 정밀도 : 0, 색상 변경, 분류 : 6, 분류 Click – 적용 Click]

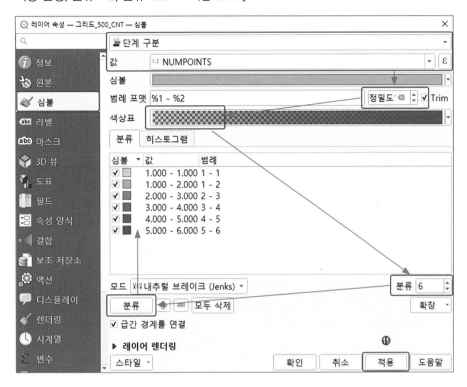

⑫ 라벨 탭 – 단일 라벨, 값: NUMPOINTS, 크기: 8 – 적용 – 확인 Click

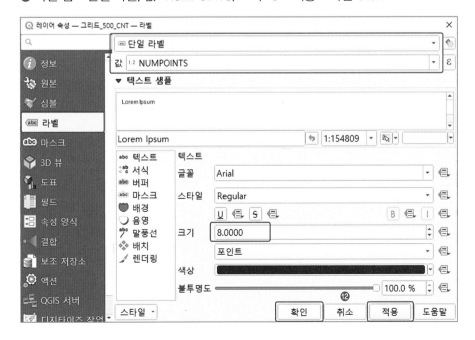

결과화면과 같이 불필요한 레이어는 끄고, 밀도를 확인하여 기준점 신설이 필요한 지역을 선정하면 편리하다.

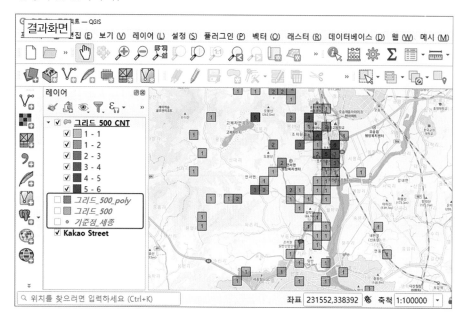

교재의 중간에도 지속적으로 밝히지만 본 실습내용은 지적, 측량, 토지개발, 도시계획 등 다양한 분야의 일부 작업 내용을 바탕으로 한 것으로, 다양한 형태의 응용이 가능하다. 본 교재에 있는 범위뿐만 아니라 다양한 활용을 통해 QGIS 활용능력을 향상시키기를 기원한다. 끝으로 업무에 활용할 다양한 플러그인에 대한 검토를 완료하였으나 시간 관계상 본 교재에 반영하지 못한 점이 끝내 아쉽다. QGIS의 향상된 기능과 함께 다음 출간되는 교재에서는 다양한 플러그인의 기능까지 소개할 수 있기를 희망한다.

MEMO

MEMO

● 문승주

약 력

- 現 한국국토정보공사 국토정보교육원 교수로 재직 중
- 前 행정안전부 지방자치단체 합동평가위원
- 국토교통부 기술평가위원
- 지방 지적재조사위원회 · 경계결정위원회 · 지명위원회 위원
- 법학박사, 공학석사, 지적기술사
- 국가기술자격위원 등 지적 · 국토정보 분야에서 다양한 활동 중

저 서

- 『경계의 이론과 실무(譯)』 (2018, 형진사)
- 『경계분쟁(譯)』 (2019, 형진사)
- 『드론활용 지적조사(공저)』 (2021, ㈜한샘미디어)
- 『스마트한 QGIS 활용서』 (2020, 예문사)
- 『지적관계 법규(공저)』 (2020, 예문사)
- 『지적재조사총론(공저)』 (2020, 좋은땅)
- 『GNSS 측량실무』 (근간, 예문사)

지적/측량/토지개발/도시계획 전문가를 위한

스마트한 QGIS 활용서

발행일 /	2020. 6. 1. 초판 발행
	2020. 12. 1. 초판 2쇄
	2021. 9. 1. 초판 3쇄
	2022. 5. 20. 개정1판 1쇄
	2023. 1. 20. 개정1판 2쇄
	2024. 5. 20. 개정1판 3쇄

저 자 / 문 승 주
발행인 / 정 용 수
발행처 / 예문사

주 소 / 경기도 파주시 직지길 460(출판도시) 도서출판 예문사
T E L / 031) 955-0550
F A X / 031) 955-0660
등록번호 / 11-76호

정가 : 20,000원

예문사 홈페이지 http : //www.yeamoonsa.com

ISBN 978-89-274-4503-6 13000